职业教育课程改革创新示范精品教材

桂菜制作实训教程

主编 鲁煊 唐成林 文歧福

北京理工大学出版社
BEIJING INSTITUTE OF TECHNOLOGY PRESS

版权专有　侵权必究

图书在版编目(CIP)数据

桂菜制作实训教程 / 鲁煊，唐成林，文歧福主编. -- 北京：北京理工大学出版社，2023.7（2024.8重印）
ISBN 978 – 7 – 5763 – 2125 – 8

Ⅰ.①桂… Ⅱ.①鲁… ②唐… ③文… Ⅲ.①菜谱 – 广西 – 教材 Ⅳ.① TS972.182.67

中国国家版本馆 CIP 数据核字（2023）第 032954 号

责任编辑：王晓莉　　**文案编辑**：王晓莉
责任校对：刘亚男　　**责任印制**：施胜娟

出版发行 /	北京理工大学出版社有限责任公司
社　　址 /	北京市丰台区四合庄路 6 号
邮　　编 /	100070
电　　话 /	（010）68914026（教材售后服务热线）
	（010）68944437（教材资源服务热线）
网　　址 /	http://www.bitpress.com.cn
版 印 次 /	2024 年 8 月第 1 版第 2 次印刷
印　　刷 /	定州启航印刷有限公司
开　　本 /	889 mm × 1194 mm　1 / 16
印　　张 /	14
字　　数 /	338 千字
定　　价 /	49.50 元

图书出现印装质量问题，请拨打售后服务热线，负责调换

本书编委会

主　　编：鲁　煊　唐成林　文歧福

副主编：李　宁　何艳军　覃唯劲　黄明验　雷　鸣　刘　艺　袁德华

参　　编：罗家斌　严学迎　段丽红　李胜胜　汪锡平　钟　韬　谢积慧
　　　　　谢光文　黄玉叶　黄新添　韦木荣　李肇文　陈献辉　徐　谦
　　　　　缪南姑　杨灵灵　黎子宁　覃唯任　黄　猛　韦佩宏　李梅远
　　　　　陆英娜　林　梅　苏广首　邓辉业　王一鸣　滕永军　郭景鹏
　　　　　赵芷萱　沈培奇　刘雪莲

序

"十四五"时期是我国全面建成小康社会、实现第一个百年奋斗目标之后，乘势而上开启全面建设社会主义现代化国家新征程、向第二个百年奋斗目标进军的第一个五年，是全面落实习近平新时代中国特色社会主义思想，特别是习近平总书记对广西工作系列重要指示精神、全面理解和准确把握习近平总书记对广西"四个突出特点"的重要论述和"四个新"的总要求，以及四个方面重要工作要求的重要时期，也是建设新时代中国特色社会主义壮美广西的关键时期。打造桂菜品牌，弘扬桂菜饮食文化，实施桂菜走出去战略，是广西餐饮行业"十四五"时期的重要目标。要实现这一目标，必须有一大批高素质的桂菜人才。近年来，餐饮类专业已成为广西地区专业分布较多，在校生人数较多的专业类别。由于餐饮类专业起步较晚，师资力量相对薄弱，所以针对桂菜教学的专业教材相对匮乏。

2017年广西经贸职业技术学院依托烹饪工艺与营养专业在桂菜人才培养与桂菜文化传承方面的良好基础，申报的"民族饮食（桂菜）传承创新职业教育基地"获得了广西壮族自治区教育厅的建设立项。通过建设，构建了"双轨四段制，一体化现代学徒制"桂菜人才培养新模式，建成了凸显桂菜技艺传承创新的课程体系，建成了基于"互联网+课程"的资源，建成了满足桂菜文化传承所需的实训基地，组建了集高素质教师、桂菜名师、技艺传承人构成的高水平师资队伍，建设了基于现代网络与3D技术的广西民族饮食数字化博物馆，建设了集研究、交流、传承于一体的桂菜大师工作室。通过这些项目的推进建设，初步建立起融保护、挖掘、推广、创新于一体的民族饮食（桂菜）传承创新职业教育基地。

广西经贸职业技术学院的鲁煊老师作为"民族饮食（桂菜）传承创新职业教育基地"建设的主要人员，长期致力于桂菜挖掘、推广、创新等工作。《桂菜制作实训教程》正是以他为核心，在广西餐饮文化发展促进会的指导下，联合职教专家、行业技术能手、教学研究人员、资深技能大赛评委、一线优秀教师组成编写团，以教育部印发的《职业院校教材管理办法》为指导，依据广西烹饪餐饮行业协会发布的《T/GXPX 001—2020 桂菜标准体系》，坚持传承和发扬桂菜文化，反映桂菜发展中的新知识、新技术、新工艺和新方法要求，遴选典型学习任务，将学生的职业素质、职业道德培养和课程思政内容落实在每个学习任务中，致力于构建符合当前教学改革方向的，以培养应用型、技术型、创新型桂菜人才为目标的教材。

本教材还配套了电子教学课件、菜肴制作过程图片、示范操作视频、课程标准、课程大纲等，较高水平地实现了教材资源的立体化。我相信，本教材的出版，对推动桂菜人才的培养、深化职业教育教学改革都会起到积极作用。在此，我谨向各位作者和出版单位，以及为本教材编写提供支持的各餐饮企业表示衷心感谢。

广西餐饮文化发展促进会执行会长

黄中昕

2023 年 4 月

　　《桂菜制作实训教程》的编写是积极贯彻《广西壮族自治区人民政府关于加快广西住宿餐饮业发展的意见》，打造桂菜品牌、弘扬桂菜饮食文化的基础性工作。编写团队认真学习领会中共中央办公厅、国务院办公厅印发的《关于深化新时代学校思想政治理论课改革创新的若干意见》，国家教材委员会印发的《全国大中小学教材建设规划（2019—2022年）》和教育部印发的《职业院校教材管理办法》等文件，结合广西餐饮行业的发展，特别是桂菜人才培养的客观需求，充分研判后组织编写。教材在规划、编写、审核等环节都严格执行相关政策文件精神，围绕培养高素质高技能型人才的目标确定教材编写架构、编写内容及资源建设，充分体现教材的职业性、规范性和引领性。教材在编写过程中充分体现了以下几个显著特点。

一、校企双元，产教融合，编写团队组成合理

　　凸显出职业教育的类型教育特点，在行业协会的指导下，联合职教专家、行业企业技术能手、教学研究人员、资深技能大赛评委、一线优秀教师组成编写团队。编写团队成员熟悉职业教育教学规律和学生身心发展特点，对职业教育有比较深入的研究，熟悉行业企业发展与用人要求，有丰富的教学、教科研、企业生产经验，具有高级以上职业技能职业资格或中级以上专业技术资格。

二、紧扣标准，立德树人，内容反映课程目标

　　在内容选取上，依据《T/GXPX 001-2020 桂菜标准体系》，对接"中式烹调师"职业标准及岗位需求，坚持传承和发扬桂菜文化，反映桂菜发展中的新知识、新技术、新工艺和新方法要求，遴选教学典型任务，将学生的职业素质、职业道德培养和课程思政内容落实在每个学习任务中，便于推行教、学、做、评合一的教学模式，充分体现社会主义核心价值观和工匠精神。

三、项目引领，任务驱动，知识能力素养并重

　　教材框架清晰，按照"项目""任务"的二级结构体例进行编排，以项目引领、任务驱动的职业教育教学方法编写，开发了4个项目、60个学习任务。搭建"学知识、长技能、开视野、修素养"的学习架构，注重思想性、文化性和灵活性，提高职校学生的核心竞争力，

全面提升和培养学生的综合素养。

四、图文并茂，视听结合，学习形式方便多样

本教材内容呈现以文、图、视频结合的版式设计，以利于展示典型代表性桂菜加工过程中所涉及的关键技能点，条理清晰，文字简洁。数量单位、数据格式等均采用图书出版标准。依托现代信息技术，构建了可听、可视、可练、可互动的形式，形成了"互联网＋课程"新形态立体化教材，同时搭建了在线课程平台，赋能线上线下混合式教学、翻转课堂教学，让师生的教学不受时间、空间限制。

五、理实结合，"四位一体"，突出职业教育特色

按照理论与实践相结合的思路进行全面结合，助力"教、学、做、评"合一的"四位一体"教学法，以项目任务式的结构进行编排，注重对学生动手能力的培养，做到理论与实训相互融合，知识传授、技能训练和能力培养同步，以任务驱动，以桂菜企业厨房相关岗位职业特征、职业成长规律和典型工作任务提炼教学任务，反映新知识、新技术、新工艺、新方法，实现课程内容与职业标准对接、教学过程与生产过程对接。

本教材内容由四大学习项目组成。四大项目分别是桂北风味菜、桂西风味菜、桂东南风味菜和滨海风味菜，四大项目涵盖了《T/GXPX 001-2020 桂菜标准体系》中的主要热菜。本教材由鲁煊、唐成林、文岐福担任主编，由李宁、何艳军、覃唯劲、黄明验、雷鸣、刘艺、袁德华担任副主编，罗家斌、严学迎、段丽红、李胜胜、汪锡平、钟韬、谢积慧、谢光文、黄玉叶、黄新添、韦木荣、李肇文、陈献辉、徐谦、缪南姑、杨灵灵、黎子宁、覃唯任、黄猛、韦佩宏、李梅远、陆英娜、林梅、苏广首、邓辉业、王一鸣、滕永军、郭景鹏、赵芷萱、沈培奇、刘雪莲任参编。具体分工如下：桂北、桂西、桂东南风味菜和滨海风味菜导读由鲁煊和李宁编写，项目一中的任务1、任务2、任务3由何艳军和刘艺编写，项目一中的任务4、任务5由谢光文和文岐福编写，项目一中的任务6、任务7、任务8由汪锡平、钟韬和韦木荣编写，项目一中的任务9、任务10由郭景鹏和黎子宁编写，项目一中的任务11、任务12、任务13、任务14由罗家斌、李肇文和唐成林编写；项目二中的任务1、任务2、任务3、任务4、任务5由陈献辉、覃唯劲和黄猛编写，项目二中的任务6、任务7、任务8、任务9、任务10由覃唯任和鲁煊编写，项目二中的任务11、任务12、任务13、任务14由雷鸣、黄新添和林梅编写；项目三中的任务1、任务2、任务3由鲁煊编写，项目三中的任务4、任务5由袁德华、邓辉业和沈培奇编写，项目三中的任务6、任务7由陆英娜、韦佩宏和苏广首编写，项目三中的任务8、任务9、任务10由段丽红、徐谦和黎子宁编写，项目三中的任务11、任务12、任务13、任务14由黄明验、黄玉叶和滕永军编写，项目三中的任务15、任务16由覃唯任和鲁煊编写，项目四中的任务1、任务2、任务3由谢积慧、李梅远、缪南姑和杨灵灵编写，项目四中的任务4、任务5、任务6由刘雪莲、谢积慧、李梅远和缪南姑编写，项目四中的任务7、任务8、任务9由赵芷萱、李胜胜和严学迎编写，项目四中的任务10、任务11、任务12由鲁煊编写，项目四中的任务13、任务14、任务15、任务16由鲁煊和唐成林编写。全书由鲁煊负责统稿。

  本教材在编写过程中得到了广西壮族自治区非物质文化遗产保护中心、广西餐饮文化发展促进会的全面指导，在项目与任务设置、技术标准方面得到了广西知名桂菜大师、桂菜名师、民族餐饮企业的悉心帮助，在数字资源拍摄方面得到了广西海盛传媒有限公司的大力支持，在体例设计、出版等方面得到了北京理工大学出版社的鼎力支持，在此，一并表示衷心感谢。由于桂菜烹饪技艺辐射面广、品种较多、地区交叉、风俗习惯等方面存在一定差异，教材缺点、疏漏在所难免，难以做到面面俱到，恳请广大读者批评指正，为后期教材的改版完善提供指导。我坚信，在所有关心桂菜发展、关心桂菜人才培养、关心教材建设、关心职业教育发展的各类人员的共同推进下，一定能谱写新时代桂菜人才培养高质量发展的绚丽篇章。

鲁 煊

2023年4月

尊敬的老师：

您好！

感谢您选择《桂菜制作实训教程》，本教程依据《T/GXPX 001-2020 桂菜标准体系》进行教学内容设计，基于工作过程系统化的开发"教、学、做、评"合一教学设计，以项目任务式的结构进行编排，融合现代信息技术构建富媒体式立体化教材。您在教学过程中可以通过各教学任务描述，引导学生进行任务分析，做好任务实施计划。实施过程中需要引导学生做好主辅原料及调料准备工作、熟悉生产制作流程、弄清生产制作注意事项、依据步骤进行生产制作及质量评价，从而完成各任务的教学工作。

一、任务架构思路

1. 任务描述

第一步提出完成任务的目标；第二步确定完成目标应采取的措施；第三步提出实施过程中应具备的职业精神要求和完成任务的时间要求；第四步确定实施后的清洁卫生要求及延伸训练的相关要求。

2. 任务分析

对每个需要完成任务的相关知识进行介绍，并按照实际厨房菜肴产品生产过程对实训内容进行学习分析，每个任务确定了五个有紧密联系的问题。通过学习，学习者可以提升自身分析问题、解决问题的能力。

3. 任务实施

以学生为主体、以教师为主导进行教学设计，教师指导学生依据任务实施相关内容，组织实施、过程控制、指导答疑等工作，培养学生良好的职业精神、专业精神、工匠精神等。

4. 综合评价

从生产制作前、生产制作中、生产制作后三个环节、七个评价项目，由学生本人、小组其他成员、指导老师三方构成综合性评价小组实施评价，将不同角度的评价和结论综合，得出对任务完成整体效果的评价，有利于较全面地反映学生的学习效果。

二、教学实施建议

1. 教学队伍

在进行组织和实施过程中，建议组建由专职教师和兼职教师构成的教学团队，专职教师组织前期的学习准备、实训过程及质量检查和评价；兼职教师主要负责中期的问题分析和任务实施的指导。充分发挥校内外教师的自身优势，取长补短，从而缩短教学内容与实际工作的距离。

2. 教学组织

课程教学依据任务设计组织"教、学、做、评"合一的方式进行。在课程内容组织上，建议全部采用项目、任务教学。在具体教学内容选取上，可以根据所在区域及学生毕业后服务的企业特点，从不同类型的典型任务中分别选择。

3. 教学组织与手段

在教学方法上，建议根据课程特点和学生特点，灵活运用分组讨论、角色扮演、启发引导等教学方法，引导学生积极思考、乐于实践。在教学手段上，建议采用多维立体化的教学手段，以教材配套开发的微课视频、多媒体课件、课程教学网络平台等开展翻转课堂、混合式教学，激发学生的学习兴趣，让教学不受时间、空间的限制，提升综合教学效果。

由于编者水平和时间有限，不足之处在所难免。希望使用教材的各院校教师、同学，研究桂菜的学者，从事桂菜生产制作的师傅以及各地方行业协会提出宝贵的建议，共同探讨课程建设相关内容，进一步提高桂菜制作的教学水平。

编　者

2023 年 4 月

致同学

亲爱的同学：

你们好！

作为在广西区域内学习餐饮类专业的职校学生，熟悉和掌握桂菜文化与技术非常必要，近年来桂菜的快速发展，定能为大家未来的就业提供基本保障。作为非广西区域内学习餐饮类专业的职校学生，学习本课程不仅可以拓宽视野、了解桂菜特色，更能为个人的职业发展拓宽新的道路。《桂菜制作实训教程》是为实现桂菜人才培养的目标而编写，它将引导你们探究历史悠久、种类繁多的桂菜文化与技艺，开始桂菜制作全过程的尝试，它将启发唤醒你们的问题意识、质量意识、责任意识、细节意识、协作意识、安全意识和传承意识，让你们认识到职业活动中的职责与分工、解决问题的方法、一丝不苟的敬业态度、精诚合作的团队精神对于创造工作业绩的重要性，从而帮助你们逐步提高受益于整个职业生涯的核心能力。

为了让你们的学习更加顺利，希望你们能够做到以下几点：

第一，注重团结协作，完成学习任务

《桂菜制作实训教程》每一个典型学习任务都是一个完整的工作过程，各学习小组要在小组长的带领下，分工协作，按时、保质、保量地完成学习任务。在学习前，大家应广泛交流，了解你们将要面临的学习任务，明确学完本相关任务后要达到的学习效果，也就是学完相关任务后，你们学会了做什么，能够独立完成什么任务，能够拿出什么学习成果。另外，你们还要关注一下本门课程的学业监控与评价方式及特点，有利于顺利完成相关学习任务。

第二，积极主动学习，自觉谋求进步

你们永远是自己学习的主人，要树立自觉学习、时刻学习、终身学习意识，通过学习提高发现问题、分析问题、解决问题的能力。老师首先是你们学习的合作者，为你们的主动学习提供充分的空间，让你们有更多沟通与合作、参与学习过程评价的机会。老师还是你们学习的支持者，他会在你们需要时，指导你好好学习，有序把握和推进学习进程。只有在学习过程中主动地学习，自觉谋求进步，才能获得更好的职业能力。

第三，把握引导内容，制定学习方案

每个学习任务都有相应的任务目标、任务描述、任务分析、任务实施，你们根据这些内容尽量独立自主地查阅文献资料，掌握实训过程，制定实训方案，完成每个实训任务，评价自己的实训效果。你们应当大胆展示自己，积极参与团队学习活动，要相互协作、相互帮助、互相学习，培养工匠精神，共同达成每个任务的学习目标。你们还要学会客观地评价自己和别人的实训表现与成绩，及时总结反馈情况；自觉遵守现代餐饮从业人员的职业道德规范。

预祝你们学有所成，早日成为桂菜文化与技艺挖掘、保护、传承、创新的能工巧匠。

编　者

2023 年 4 月

实训任务综合评价表使用说明

一、实训任务综合评价表格

《桂菜制作实训教程》实训任务综合评价表

实训任务名称：＿＿＿＿＿＿＿＿＿＿

评价主体 \ 评价要素	生产制作前		生产制作中			生产制作后		合计	比例	分值
	资料查找 10%	任务分析 20%	原料准备 10%	生产规范 20%	成品质量 15%	清洁卫生 15%	实训报告 10%	100%		
自我评价									30%	
小组评价									30%	
老师评价									40%	
总分									100%	

二、下载方法

扫描下方二维码，点击"下载"，即可下载以上评分电子表格。

扫一扫，下载"实训任务综合评价表格"

三、使用方法

1.生产制作完成后，由学生自己、学生所在小组其他一名成员和生产制作指导老师组成综合性评价主体，各主体分别对表格中所涉及的评价要素进行评分。

2.在线电子表格可以自动计算出该实训任务得分。

目录 CONTENTS

项目一　桂北风味菜 ·· 1

- 桂北风味菜导读 ·· 3
- 任务1　全州醋血鸭 ·· 6
- 任务2　阳朔啤酒鱼 ·· 9
- 任务3　荔浦芋扣肉 ·· 12
- 任务4　酸辣禾花鱼 ·· 16
- 任务5　桂林黄焖鸡 ·· 19
- 任务6　螺蛳鸭脚煲 ·· 22
- 任务7　酸笋黄豆焖鱼仔 ·· 25
- 任务8　螺蛳鸡 ·· 28
- 任务9　长安芙蓉酥 ·· 31
- 任务10　红糟酸炒猪肚 ·· 34
- 任务11　黄姚豆腐酿 ·· 37
- 任务12　贺州三宝酿 ·· 40
- 任务13　黄田扣肉 ·· 43
- 任务14　富川糟辣鱼 ·· 46

项目二　桂西风味菜 ·· 49

- 桂西风味菜导读 ·· 51
- 任务1　豆腐肴 ·· 54
- 任务2　鸭把 ·· 57
- 任务3　油包肝 ·· 60
- 任务4　环江香牛扣 ·· 63

任务5	笋干焖巴马香猪肉	66
任务6	芒叶田七鸡	69
任务7	栗香猪手	72
任务8	牛肉炸弹	75
任务9	十里荷香鸡	78
任务10	靖西腊鸭煲	81
任务11	酸粥猪肚	84
任务12	散扣	87
任务13	凭祥春卷	90
任务14	大新粉蒸肉	93

项目三 桂东南风味菜 ······ 97

桂东南风味菜导读		99
任务1	假蒌牛肉夹	102
任务2	柠檬鸭	105
任务3	灵马鲶鱼	108
任务4	马山红扣黑山羊	111
任务5	鸡茸宴	115
任务6	邕城甜酒鱼	118
任务7	老友鱼	121
任务8	梧州纸包鸡	124
任务9	岑溪豆腐酿	127
任务10	梧州葱油鱼	130
任务11	柚皮渡笋扣	133
任务12	酸甜扣肉	136
任务13	沙田柚皮酿	139

任务14　玉林炒牛料 ··· 142
　　任务15　红旭糟炒大肠 ··· 145
　　任务16　覃塘酿莲藕 ··· 148

项目四　滨海风味菜·· 151

　　滨海风味菜导读 ·· 153
　　任务1　酥炸大蚝 ·· 156
　　任务2　瓜皮炒螺肉 ·· 159
　　任务3　蟹黄扒鱼肚 ·· 162
　　任务4　清蒸豆腐圆 ·· 165
　　任务5　蚝油柚皮鸭 ·· 168
　　任务6　沙蟹汁豆角 ·· 171
　　任务7　杂鱼豆腐汤 ·· 174
　　任务8　蒜蓉蒸沙虫 ·· 177
　　任务9　盐花煎沙箭鱼 ··· 180
　　任务10　韭菜炒蚬肉 ·· 183
　　任务11　姜葱炒青蟹 ·· 186
　　任务12　爆炒风肠 ·· 189
　　任务13　沙姜焗八爪鱼 ··· 192
　　任务14　越式炒香螺 ·· 195
　　任务15　鸡丝蜇皮 ·· 198
　　任务16　椒盐濑尿虾 ·· 201

后　记·· 204

项目一　桂北风味菜

学习目标

素质目标：

1. 具备良好的诚信品质。
2. 树立以人为本的现代文明观。
3. 具有较强的协作及精益求精的工匠精神。
4. 具备较强的时间管理观念和效率意识。
5. 养成自我感悟、自我反思、自我批评的成长观。

知识目标：

1. 了解桂北风味所含区域及各区域的风味特色。
2. 了解桂北风味各代表性菜肴的影响力。
3. 熟悉桂北风味各代表性菜肴的质量标准及传承情况。
4. 掌握桂北风味各代表性菜肴生产制作的注意事项。
5. 掌握桂北风味各代表性菜肴原料选用与调味用料构成。

能力目标：

1. 能合理地对小组成员的实训角色进行恰当的分工，并能做好组织、统筹、监督、检查的工作。
2. 能较好运用鲜活原料初加工技术、刀工技术，依据任务实施相关要求做好桂北风味各代表性菜肴的准备工作。
3. 能够制作桂北风味各代表性菜肴，且工艺流程、制作步骤、成菜质量等符合相关标准。
4. 通过对相关知识的学习与桂北风味各代表性菜肴的深入实训，结合餐饮行业的发展方向及市场需求，能进行创新、开发适销对路的新桂北菜。

桂北风味菜导读

桂北风味指的是桂林、柳州、来宾与贺州等地的菜品风味。

一、桂林地区及菜肴情况

桂林，简称"桂"，别称"榕城"，是世界著名风景游览城市、万年智慧圣地、全国重要高新技术产业基地、中国老工业基地，是国务院批复确定的中国对外开放国际旅游城市、全国旅游创新发展先行区和国际旅游综合交通枢纽，截至2019年，全市下辖6区10县，代管1个县级市，总面积2.78万平方千米，建成区面积162平方千米。根据第七次人口普查数据，截至2020年11月1日0时，桂林市常住人口为493.113 7万人。

桂林历史悠久，有着底蕴丰厚、人才荟萃的桂林文化，其特色饮食也是桂林文化的重要组成部分。桂林是一个众多少数民族聚居地，不同民族的生活饮食特点，形成了独特的饮食文化。桂林地方风味菜淳朴自然、口味浓郁、酸甜兼容，有着浓浓的草根情怀。桂林的本地风味集酸辣的湘菜和清淡的粤菜风味于一体，家常小炒深受湘菜影响，几乎餐餐离不开酸辣。随着近代游览观光和现代旅游业的发展，桂林市逐渐形成了具有地方特色的旅游餐饮业。餐饮的种类也越来越多，淮扬菜、闽南菜、潮州菜、西北地方菜、广西少数民族风味菜等也在桂林很受欢迎。桂林代表性菜肴有全州醋血鸭、阳朔啤酒鱼、荔浦芋扣肉、酸辣禾花鱼、桂林黄焖鸡、桂林荷叶鸭、平乐十八酿、爆炒漓江虾（见图1-0-1）、桂林荷叶粉蒸肉等。

图 1-0-1　爆炒漓江虾

二、柳州地区及菜肴情况

柳州，简称"柳"，别称"壶城""龙城"，是国务院批复确定的广西壮族自治区中部重要中心城市，是沟通西南与中南、华东、华南地区的重要铁路枢纽，素有"桂中商埠"之称，是与东盟双向往来产品加工贸易基地和物流中转基地城市。截至2019年，全市下辖5个区、3个县，代管2个自治县。根据第七次人口普查数据，截至2020年11月1日0时，柳州市常住人口为415.793 4万人。

柳州是一个多民族聚居的地区，除了汉族外，还有壮、苗、瑶、侗、仫佬族等少数民族，具有深厚的民族传统文化积淀。柳州的饮食偏辛辣，口味重，擅长融汇各种外来风味，自成一派，别具一格。在柳州众多美食名吃当中尤以螺蛳粉最为有名。螺蛳粉虽然出现得比较晚，但一经面市就赢得了不少人的喜爱。螺蛳粉有一种很特别的"臭"味，也让不少人敬而远之，当然螺蛳粉是闻起来"臭"吃起来香，如今柳州的螺蛳粉已经成为柳州美食界的一张名片，名声响彻大江南北。柳州代表性菜肴有螺蛳鸭脚煲、酸笋黄豆焖鱼仔、螺蛳鸡、长安芙蓉酥、蜂巢香芋角、蒸炒香酸鱼等，另外壮、苗、瑶等少数民族的美食，别具民族风味。

三、来宾地区及菜肴情况

来宾，别称"世界瑶都"，有"中国观赏石之城""广西煤都"等美称，位于广西中部，故有"桂中腹地"之称。来宾市是桂北与桂南、桂西与桂东的连接部，全市土地面积13 411平方千米，是广西壮族自治区北部湾经济区"4+2"城市、珠江—西江经济带城市，同时也是西南地区出海大通道的重要组成部分。来宾是一座以壮族为主体的多民族聚居城市，有壮族、苗族、瑶族等12个民族，壮族等少数民族人口占约75%。截至2020年，来宾市辖兴宾区、象州县、武宣县、忻城县、金秀瑶族自治县、合山市。根据第七次人口普查数据，截至2020年11月1日0时，来宾市常住人口为207.461 1万人。

来宾盛产甘蔗，是全国第二大甘蔗产糖地级市，丰富的糖业资源也影响了当地的饮食。由咸到甜，由粗到精，由单一到复杂，来宾人的饮食习惯也在悄然改变。自1960年以来，来宾先后安置了印尼、印度、尼泊尔、不丹、锡金、马来西亚等国家和地区的归国华侨上万名，素有"小小联合国"之称，当地政府为充分挖掘归侨特有民俗风情，结合区域规划，正在打造一个包括泰国咖喱蟹、星洲肉骨茶、越南春卷、马来西亚沙爹等特色美食的集中区，让各地人士在华侨投资区充分领略东南亚风情的同时，还能品尝到异国美食。这些美食也逐渐影响到来宾人的美食制作。来宾代表性菜肴有红糟酸炒猪肚、竹筒鸡、吐司霸王牛头、簸箕菜（见图1-0-2）等。

图1-0-2　簸箕菜

四、贺州地区及菜肴情况

贺州位于广西东北部，于2002年撤地设市，地处湘、粤、桂三省区交界地，土地面积11 753平方千米。2019年10月23日，被确定为"第三批城市黑臭水体治理示范城市"；2020年9月，被住建部认定为第二批装配式建筑范例城市。截至2018年年末，贺州市辖八步区、平桂区、昭平县、钟山县、富川瑶族自治县，土地面积11 753平方千米。根据第七次人口普查数据，截至2020年11月1日0时，贺州市常住人口为200.785 8万人。

贺州市饮食文化丰富多彩，因与广东接壤，饮食习惯也与之相仿，饮食市场以粤菜为主，川菜、湘菜、鲁菜等中国国内名菜亦兼容杂陈。各式餐馆、酒楼、大排档分布于大街小巷，各种菜肴和地方风味小吃琳琅满目、样多味美。一方水土孕育一方文化，具有悠久历史的贺州菜酿无不充满地方特色，大宁的豆腐酿、贺街的瓜花酿、桂岭的灯笼椒酿、信都的茄瓜酿、里松的葫芦瓜酿、黄田的猪网油酿、壮族的猪肠酿、瑶族的竹笋酿等，一年四季，不论什么时候，在贺州人的餐桌上，都可以品尝到别具一格的贺州风味菜。贺州代表性菜肴有黄姚豆腐酿、贺州三宝酿、黄田扣肉、富川糟辣鱼、豆豉蒸排骨、瓜花酿、藠头酸辣鲤鱼等。

任务1　全州醋血鸭

任务1　全州醋血鸭

 任务目标

1. 搜集全州醋血鸭的特色及起源传说等信息，并能恰当选用合格的用料。
2. 掌握全州醋血鸭生产制作步骤、成品质量标准和安全操作注意事项。
3. 能依据任务实施说明做好各项准备，独立完成全州醋血鸭菜肴的生产制作。
4. 能遵守厨房"6S"或"4D"管理规定，团结协作，进行文明操作，确保卫生安全、形象优良、品质满意、损耗降低、效率提升。

 任务描述

依据图1-1-1所示"全州醋血鸭菜肴成品图"，独立生产制作一份符合标准的菜肴。具体要求如下：

1. 生产制作前认真研读并熟记全州醋血鸭标准菜谱中所列的用料、制作流程、注意事项、制作过程等内容，观看全州醋血鸭菜肴制作过程图片与操作视频，完成任务分析相关问题。

2. 用恪尽职守、责重如山的职业精神，专心致志、博大精深的专业精神，精益求精、追求卓越的工匠精神，在实训指导老师的监护下，用90分钟时间在标准化厨房中进行用料准备与生产制作。

图1-1-1　全州醋血鸭菜肴成品图

 任务分析

全州醋血鸭具有鲜香可口、香气逼人、酸辣鲜香、开胃可口的特点，在全州古代"肴味三绝"中排名第二位，在广西最有名地方菜肴网络评选中名列第十一位，它不仅为全州人所钟爱，还受与全州相邻的周边地区民众喜爱。全州醋血鸭因源于文桥，其鸭又以文桥小脚小脑壳鸭为正宗品，该鸭在文桥养殖亦有近2 000年的历史，乃当地传统养殖品种，历代县志均有记载，所以不少人也称这道菜为文桥醋血鸭，迄今1 600余年。为完成全州醋血鸭菜肴的生产制作任务，传承全州醋血鸭制作技艺，学员不仅要按照"任务描述"中的相关要求做好相关准备，还应认真分析、高质量完成此菜肴生产制作所涉及的几个核心问题。

1. 进入厨房开展生产制作，对着装有何要求？_____。
2. 选料有什么特别的要求？_____。
3. 刀工处理时，各用料的规格标准是什么？_____。
4. 调味方面需要注意哪些？_____。
5. 此菜宜采用什么样的器皿盛装？_____。

🚀 任务实施

一、主辅原料及调料准备

主辅料：光水鸭1只约1 000 g（见图1-1-2）；苦瓜1条约300 g（见图1-1-3）。

调味料：醋血300 g，泡椒30 g，薄荷叶15 g，八角2 g，桂皮3 g，沙姜3 g，葱白段15 g，姜丁8 g，蚝油30 g，生抽20 mL，料酒30 mL，熟芝麻3 g，蒜米25 g，食盐2 g（见图1-1-4）。

图1-1-2　主料

图1-1-3　辅料

二、生产制作流程识读

刀工处理→预处理→煸炒鸭肉→加入醋血→出锅装盘。

三、生产制作注意事项识读

1. 鸭肉分两次炒，第一次为祛异提香，第二次为调和滋味。
2. 醋血要在出锅的时候才能放入，以防止醋血结块。
3. 醋血的"醋"，并非商店卖的白醋、米醋等，而是当地用于腌制酸菜的酸水，当地称为"酸基菜水"。

图1-1-4　调味料

四、依据步骤进行生产制作

步骤1：把光水鸭切成块状（见图1-1-5），苦瓜切成斜刀片（见图1-1-6），泡椒切段，葱白切段备用。

图1-1-5　鸭肉块

图1-1-6　苦瓜切片

步骤2：锅烧热后加入适量油，加入八角、桂皮、沙姜煸炒到香味浓郁时，加入已经切好的鸭肉（见图1-1-7），放入盐2 g、料酒10 mL，大火煸炒至鸭肉干香、鸭油渗出（见图1-1-8）且鸭香味浓郁可出锅。

图1-1-7　加入鸭肉

图1-1-8　鸭油渗出

步骤3：锅中加入底油，加入料头稍微煸炒，放入鸭块，翻炒片刻后，从锅边加入料酒20 mL，后焖5分钟左右，加入苦瓜（见图1-1-9）、生抽、蚝油翻炒均匀，盖上锅盖再焖5分钟。

步骤4：焖好后转小火，打开锅盖翻炒到余温降低，将醋血搅拌均匀后沿着锅边加入，翻炒至醋血熟后，加入薄荷叶稍翻即可出锅（见图1-1-10），然后撒些芝麻即可上菜。

图1-1-9　加入苦瓜

图1-1-10　出锅装盘

任务2 阳朔啤酒鱼

任务2 阳朔啤酒鱼

任务目标

1. 搜集阳朔啤酒鱼获得的荣誉及菜肴特色等信息,并能恰当选用合格的用料。
2. 掌握阳朔啤酒鱼生产制作步骤、成品质量标准和安全操作注意事项。
3. 能依据任务实施说明做好各项准备,独立完成阳朔啤酒鱼菜肴的生产制作。
4. 能遵守厨房"6S"或"4D"管理规定,团结协作,进行文明操作,确保卫生安全、形象优良、品质满意、损耗降低、效率提升。

任务描述

依据图1-2-1所示"阳朔啤酒鱼菜肴成品图",独立生产制作一份符合标准的菜肴。具体要求如下:

1. 生产制作前认真研读并熟记阳朔啤酒鱼标准菜谱中所列的用料、制作流程、注意事项、制作过程等内容,观看阳朔啤酒鱼菜肴制作过程图片与操作视频,完成任务分析相关问题。

2. 用恪尽职守、责重如山的职业精神,专心致志、博大精深的专业精神,精益求精、追求卓越的工匠精神,在实训指导老师的监护下,用90分钟时间在标准化厨房中进行用料准备与生产制作。

图1-2-1 阳朔啤酒鱼菜肴成品图

任务分析

阳朔啤酒鱼具有外香内嫩、皮黄汁浓、酸辣开胃、入口唇齿留香的特点,是《中国菜——中华人民共和国省籍地域经典名菜名筵录》中所列的广西十大经典名菜之一。据传,是20世纪80年代由阳朔当地个体摊贩根据桂林传统菜黄焖鱼改良而成的。2002年5月阳朔啤酒鱼在"奇山杯"全国迷宗菜交流比赛研讨会上一举夺得金奖,成为阳朔西街的美食名片。为完成阳朔啤酒鱼菜肴的生产制作任务,传承阳朔啤酒鱼制作技艺,学员不仅要按照

"任务描述"中的相关要求做好相关准备,还应认真分析、高质量完成此菜肴的生产制作所涉及的几个核心问题。

1. 选料有什么特别的要求?＿＿＿＿＿＿＿＿＿＿＿＿＿＿＿＿＿＿＿＿＿。

2. 宰杀鱼的标准是什么?＿＿＿＿＿＿＿＿＿＿＿＿＿＿＿＿＿＿＿＿。

3. 煎制鱼的技术关键是什么?＿＿＿＿＿＿＿＿＿＿＿＿＿＿＿＿＿＿。

4. 调味方面需要注意哪些?＿＿＿＿＿＿＿＿＿＿＿＿＿＿＿＿＿＿＿。

5. 此菜宜采用什么样的器皿盛装?＿＿＿＿＿＿＿＿＿＿＿＿＿＿＿＿。

🚀 任务实施

一、主辅原料及调料准备

主辅料:经刀工处理的新鲜鲤鱼 1 条约 750 g(见图 1-2-2);姜片 25 g,蒜片 25 g,干辣椒段 40 g,青蒜片 40 g,青椒片 40 g,番茄块 75 g(见图 1-2-3)。

调味料:漓泉啤酒 500 mL,盐 3 g,鸡精 1 g,生抽 20 mL,蚝油 10 g,番茄酱 20 g,白糖 10 g,白胡椒粉 0.5 g,花生油适量(见图 1-2-4)。

图 1-2-2　主料

图 1-2-3　辅料

二、生产制作流程识读

刀工处理→煎鱼→炒料焖鱼→收汁→出锅装盘。

三、生产制作注意事项识读

1. 正宗啤酒鱼不需去鳞,有食客独爱煎过的卷曲鱼鳞,如果不习惯,也可以去掉。

2. 鱼下锅之前,一定要擦干水分,否则热油飞溅而出,容易造成烫伤。

3. 焖鱼的过程中,尽量避免翻动,以免鱼肉破碎。

图 1-2-4　调味料

四、依据步骤进行生产制作

步骤 1:锅烧热后放入适量油,将鱼鳞面贴锅煎制(见图 1-2-5),煎制过程适当旋锅,待鱼鳞酥脆后采用大翻勺的方式将鱼翻面(见图 1-2-6),稍煎即可出锅备用。

图 1-2-5　鱼鳞面贴锅煎制

图 1-2-6　鱼鳞酥脆后翻面

步骤2：锅烧热后放入适量的食用油润锅，然后依次放入姜片、蒜片、干辣椒段、青蒜片、青椒片、番茄块等（见图1-2-7），中火炒至原料香味浓郁。

步骤3：将煎制好的鲤鱼腹面向下放入锅中，然后加入啤酒，用生抽、蚝油、盐、白糖、鸡精、白胡椒粉、番茄酱等调味料调和滋味（见图1-2-8）。

图 1-2-7　炒制辅料

图 1-2-8　调味

步骤4：采用中火加热焖制，焖至锅中啤酒汁水收少、味透入鱼肉中时，均匀地淋入适量水淀粉（见图1-2-9），通过旋锅技法使芡汁均匀受热糊化，汁水变成流芡状时，即可出锅装碟（见图1-2-10），最后根据客人的需要撒入香葱或香菜等香辛蔬菜。

图 1-2-9　勾芡收汁

图 1-2-10　出锅装碟

任务3 荔浦芋扣肉

任务3 荔浦芋扣肉

任务目标

1. 搜集荔浦芋扣肉的民间影响力及生产情况等信息,并能恰当选用合格的用料。
2. 掌握荔浦芋扣肉生产制作步骤、成品质量标准和安全操作注意事项。
3. 能依据任务实施说明做好各项准备,独立完成荔浦芋扣肉菜肴的生产制作。
4. 能遵守厨房"6S"或"4D"管理规定,团结协作,进行文明操作,确保卫生安全、形象优良、品质满意、损耗降低、效率提升。

任务描述

依据图1-3-1所示"荔浦芋扣肉菜肴成品图",独立生产制作一份符合标准的菜肴。具体要求如下:

1. 生产制作前认真研读并熟记荔浦芋扣肉标准菜谱中所列的用料、制作流程、注意事项、制作过程等内容,观看荔浦芋扣肉菜肴制作过程图片与操作视频,完成任务分析相关问题。
2. 用恪尽职守、责重如山的职业精神,专心致志、博大精深的专业精神,精益求精、追求卓越的工匠精神,在实训指导老师的监护下,用90分钟时间在标准化厨房中进行用料准备与生产制作。

图1-3-1 荔浦芋扣肉菜肴成品图

任务分析

荔浦芋扣肉具有色泽深红、肉质软糯、芋头粉香、味道浓郁的特点,是《中国菜——中华人民共和国省籍地域经典名菜名筵录》中所列的广西十大经典名菜之一。相传荔浦芋从福建引种而来,个大饱满,头尾均匀,品质优良,堪称芋中之王。清代已成为广西著名的特产。清代嘉庆年间,广西桂北厨师创制了此菜肴,经过200余年的传承,早已成为桂北地区逢年过节家宴或红白喜事和宾馆酒楼席上的一道名菜。为完成荔浦芋扣肉菜肴的生产制作任务，传承荔浦芋扣肉制作技艺，学员不仅要按照"任务描述"中的相关要求做好相关准备，还应认真分析、高质量完成此菜肴生产制作所涉及的几个核心问题。

1. 如何鉴别荔浦芋的质量？＿＿＿＿＿＿＿＿＿＿＿＿＿＿＿＿＿＿＿＿＿＿＿＿。
2. 选用什么样的五花肉质量最优？＿＿＿＿＿＿＿＿＿＿＿＿＿＿＿＿＿＿＿。
3. 如何炸制才能使猪肉皮疏松色黄？＿＿＿＿＿＿＿＿＿＿＿＿＿＿＿＿＿＿。
4. 刀工处理时，芋头、五花肉的厚度多少为宜？＿＿＿＿＿＿＿＿＿＿＿＿＿。
5. 此菜宜采用什么样的器皿盛装？＿＿＿＿＿＿＿＿＿＿＿＿＿＿＿＿＿＿＿。

 任务实施

一、主辅原料及调料准备

主辅料：荔浦芋头厚片 300 g，五花肉 500 g（见图 1-3-2）；葱白末 10 g，红枣末 15 g，香菇末 15 g，水淀粉 15 g，上海青 300 g，青椒丁 5 g，红椒丁 5 g（见图 1-3-3）。

调味料：生抽 5 mL，蚝油 6 g，胡椒粉 1 g，料酒 8 mL，鲜汤 50 mL，南乳 7 g（见图 1-3-4）。

图 1-3-2　主料

图 1-3-3　辅料

二、生产制作流程识读

初熟处理→炸肉→刀工处理→酱汁调制→炸芋头→腌制装碗→蒸制→出锅装盘。

三、生产制作注意事项识读

1. 配菜的种类可以根据时令选用，烹调时选用氽水至熟的方式成菜。
2. 扣肉汁要调和咸鲜口味适中，味不宜过重，可以根据地方消费者的饮食习惯加入腌制山黄皮果、腌酸梅等。

图 1-3-4　调味料

3. 炸肉时可以在锅底垫上箅子，防止猪肉直接与锅接触而烧煳，加锅盖防止油花飞溅。

四、依据步骤进行生产制作

步骤1：把五花肉放在清水中刮洗掉表面的残毛（见图1-3-5）。冷水锅中加入姜片、少许料酒，放入五花肉，浸煮约30分钟，用筷子插五花肉中（见图1-3-6），待能穿透时捞出备用。

图1-3-5　刮洗掉残毛

图1-3-6　筷子插入五花肉中

步骤2：将煮制好的猪肉，肉皮向上放在碟中，趁热用专用的扣肉叉在肉皮上扎孔（见图1-3-7），孔的深度约为4 cm，然后用食盐在扎孔的位置涂抹均匀，再抹上适量白醋（见图1-3-8），晾凉备用。

图1-3-7　扎孔

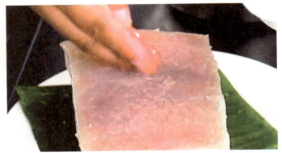
图1-3-8　抹白醋

步骤3：锅烧热后倒入约1.5 L食用油，中火加热，待油温上升至六成热时，将经"步骤1"处理好的肉，皮向下（贴锅面）入油锅中炸制（见图1-3-9），炸至表皮充分爆裂、色金黄时捞出，放入汤盆中，加入煮肉的原汤浸泡（见图1-3-10），浸泡约2小时，待肉皮松软胀发时捞出备用。

图1-3-9　入油锅炸制

图1-3-10　浸泡

步骤4：将切好的荔浦芋头片放入六成热的油锅中炸制，炸制过程中需用手勺不断翻动

（见图1-3-11），使之受热均匀，炸制约20分钟，直到芋头表面微黄、皮酥脆时捞出，晾凉备用（见图1-3-12）。

图1-3-11　翻动芋头

图1-3-12　色金黄捞出

步骤5：用葱白末、红枣末、香菇末、生抽、蚝油、胡椒粉、料酒、南乳、鲜汤调成味汁（见图1-3-13）。将五花肉切成1cm左右的厚片（见图1-3-14）。

图1-3-13　调制腌汁

图1-3-14　五花肉切厚片

步骤6：将切好的肉片和炸好的芋头放入味汁中拌匀，再将五花肉和芋头间隔码入扣碗中压实（见图1-3-15），淋入余下的味汁，放入蒸锅中蒸（见图1-3-16）。

图1-3-15　装入扣碗

图1-3-16　放入蒸锅

步骤7：采用"足气蒸"的方式蒸约90分钟，待肉软糯即可出锅。出锅后趁热滗出扣碗中的原汁（见图1-3-17），然后将其扣入盛菜碟中；将上海青放入锅中焯水后围在扣肉周边，最后将蒸扣肉的原汁倒入锅中，加入少许水淀粉勾芡，使芡汁呈浓稠状，然后淋在扣肉上即可。

图1-3-17　滗出原汁

任务4 酸辣禾花鱼

任务4 酸辣禾花鱼

任务目标

1. 搜集酸辣禾花鱼的原料特点及风味特色等信息，并能恰当选用合格的用料。
2. 掌握酸辣禾花鱼生产制作步骤、成品质量标准和安全操作注意事项。
3. 能依据任务实施说明做好各项准备，独立完成酸辣禾花鱼菜肴的生产制作。
4. 能遵守厨房"6S"或"4D"管理规定，团结协作，进行文明操作，确保卫生安全、形象优良、品质满意、损耗降低、效率提升。

任务描述

依据图1-4-1所示"酸辣禾花鱼菜肴成品图"，独立生产制作一份符合标准的菜肴。具体要求如下：

1. 生产制作前认真研读并熟记酸辣禾花鱼标准菜谱中所列的用料、制作流程、注意事项、制作过程等内容，观看酸辣禾花鱼菜肴制作过程图片与操作视频，完成任务分析相关问题。

2. 用恪尽职守、责重如山的职业精神，专心致志、博大精深的专业精神，精益求精、追求卓越的工匠精神，在实训指导老师的监护下，用90分钟时间在标准化厨房中进行用料准备与生产制作。

图1-4-1 酸辣禾花鱼菜肴成品图

任务分析

酸辣禾花鱼具有酸辣鲜香、色泽金黄、口感细嫩的特点，是桂北地区居民家家户户都会做的一道地方风味浓郁的特色菜肴。相传清代乾隆皇帝下江南时，在桂林府里品尝到鲜美可口的酸辣禾花鱼，遂一道圣旨命广西每年要把禾花鱼贡至清廷，禾花鱼因之成为清代贡品，誉满京城。现在禾花鱼已是全州县特产，2012年农业部正式批准对禾花鱼实施农产品地理标识登记保护。为完成酸辣禾花鱼菜肴的生产制作任务，传承酸辣禾花鱼制作技艺，学员不仅要按照"任务描述"中的相关要求做好相关准备，还应认真分析、高质量完成此菜肴生产制作所涉及的几个核心问题。

1. 禾花鱼有什么样的感官特征？＿＿＿＿＿＿＿＿＿＿＿＿＿＿＿＿＿＿＿＿＿＿。

2. 选料有什么特别的要求？＿＿＿＿＿＿＿＿＿＿＿＿＿＿＿＿＿＿＿＿＿＿＿。

3. 宰杀禾花鱼时的技术关键是什么？＿＿＿＿＿＿＿＿＿＿＿＿＿＿＿＿＿＿。

4. 烹调过程中需要什么？＿＿＿＿＿＿＿＿＿＿＿＿＿＿＿＿＿＿＿＿＿＿＿。

5. 此菜宜采用什么样的器皿盛装？＿＿＿＿＿＿＿＿＿＿＿＿＿＿＿＿＿＿＿。

任务实施

一、主辅原料及调料准备

主辅料：禾花鱼约 600 g（见图 1-4-2）；香葱 30 g，番茄 1 个，桂林泡红椒 4 个，酸豆角 50 g，桂林泡姜 50 g，桂林酸笋 100 g，生姜 20 g，蒜粒 9 颗（见图 1-4-3）。

调味料：辣椒油 40 mL，香麻油 2 mL，料酒 8 mL，生抽 12 mL，蚝油 8 g，白胡椒粉 0.5 g，盐 3 g（见图 1-4-4）。

图 1-4-2　主料

图 1-4-3　辅料

二、生产制作流程识读

刀工处理→宰杀鱼→煎制→煮汁→烧制→出锅装盘。

三、生产制作注意事项识读

1. 宰杀禾花鱼只需要去掉苦胆，内脏无须去掉，洗净之后可直接烹调，这样可以保留禾花鱼身上最为原始的稻花稻谷的香味。

图 1-4-4　调味料

2. 去苦胆时要倍加小心，若弄破苦胆应马上用水冲洗，以免烹调出的鱼肉有苦味。

3. 煎制时需要恰当控制火力，先煎一面至金黄，再煎另一面。

四、依据步骤进行生产制作

步骤1：将生姜切成粗丝（见图1-4-5），蒜粒切指甲片，桂林酸笋丝切4cm左右的段，桂林泡姜切成粗块，酸豆角切成4cm左右的段，桂林泡红椒切斜刀段（见图1-4-6），香葱切段，番茄切块备用。

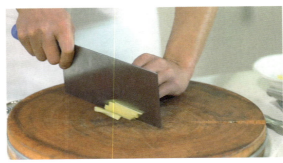 

图1-4-5　切姜丝　　　　　　　　图1-4-6　切泡红椒段

步骤2：禾花鱼去鳃、挤出苦胆（见图1-4-7），然后铺在干净毛巾上吸干水分备用。

步骤3：锅烧热后放入油润锅，把鱼放入锅中煎制（见图1-4-8），煎至两面焦黄后取出，用油纸或者厨房用纸吸油备用。

图1-4-7　挤出苦胆　　　　　　　图1-4-8　煎至两面上色

步骤4：锅入少许底油，然后放入辣椒油，加入生姜片、蒜片等料头爆炒，炒出香味后放入切好的酸料，炒至酸料味香后放入番茄块继续炒制，加入适量的水烧制（见图1-4-9）。

步骤5：汤水沸腾后放入盐、白胡椒、料酒、生抽、蚝油等调味料调味，调好味后放入炸好的禾花鱼，然后继续烧制，烧至汤汁浓稠入味时，加入香葱段，轻轻晃动一下锅，待香葱熟后将其盛入盛器中（见图1-4-10），稍微点缀即可上桌。

图1-4-9　煮制酱汁　　　　　　　图1-4-10　出锅装盘

任务5　桂林黄焖鸡

任务5　桂林黄焖鸡

任务目标

1. 搜集桂林黄焖鸡的历史文化及传承等信息，并能恰当选用合格的用料。
2. 掌握桂林黄焖鸡生产制作步骤、成品质量标准和安全操作注意事项。
3. 能依据任务实施说明做好各项准备，独立完成桂林黄焖鸡菜肴的生产制作。
4. 能遵守厨房"6S"或"4D"管理规定，团结协作，进行文明操作，确保卫生安全、形象优良、品质满意、损耗降低、效率提升。

任务描述

依据图1-5-1所示"桂林黄焖鸡菜肴成品图"，独立生产制作一份符合标准的菜肴。具体要求如下：

1. 生产制作前认真研读并熟记桂林黄焖鸡标准菜谱中所列的用料、制作流程、注意事项、制作过程等内容，观看桂林黄焖鸡菜肴制作过程图片与操作视频，完成任务分析相关问题。

2. 用恪尽职守、责重如山的职业精神，专心致志、博大精深的专业精神，精益求精、追求卓越的工匠精神，在实训指导老师的监护下，用90分钟时间在标准化厨房中进行用料准备与生产制作。

图1-5-1　桂林黄焖鸡菜肴成品图

任务分析

桂林黄焖鸡具有口感滋糯、香味浓郁、油而不腻、成品色黄的特点，是桂林地区的一道传统名菜，与当地的阳朔啤酒鱼、田螺酿齐名，是到桂林旅游不可错过的美食。制作这道菜需要用到一种核心调味料——桂林豆腐乳，其号称桂林焖鸡的灵魂，属于桂林三宝之一。桂林豆腐乳制作工艺细腻严谨，从磨浆、过滤到定型、压干、霉化都十分讲究，是制作广西风味的乳猪、扣肉、焖鸡的最佳调味料。为完成桂林黄焖鸡菜肴的生产制作任务，传承桂林黄焖鸡制作技艺，学员不仅要按照"任务描述"中的相关要求做好相关准备，还应认真分析、高质量完成此菜肴生产制作所涉及的几个核心问题。

1. 什么是黄焖技法？_____。
2. 制作此菜宜选用什么样的鸡？_____。
3. 桂林黄焖鸡与山东黄焖鸡有什么区别与联系？_____。
4. 调味方面上需要注意哪些？_____。
5. 此菜宜采用什么样的器皿盛装？_____。

任务实施

一、主辅原料及调料准备

主辅料：肥嫩三黄鸡半只约 900 g（见图 1-5-2）；水发干笋 250 g，水发香菇 60 g，青蒜 70 g，蒜粒 15 粒，酸红椒 50 g，干辣椒 15 g，葱白段 20 g，酸姜片 15 g（见图 1-5-3）。

调味料：姜葱汁 25 g，三花酒 10 mL，桂林豆腐乳 4 块，生抽 25 mL，老抽 5 mL，味精 1 g，白糖 3 g，盐 3 g，姜片 10 g，高汤 300 mL，八角 3 粒，干沙姜 5 g，陈皮 5 g，草果 1 个，蚝油 15 g，海鲜酱 10 g，胡椒粉 1 g（见图 1-5-4）。

图 1-5-2　主料

图 1-5-3　辅料

二、生产制作流程识读

刀工处理→腌制鸡块→初熟处理→烹调→出锅装盘。

三、生产制作注意事项识读

1. 炒鸡肉时，锅一定要充分烧热后再放油滑锅，以防止粘锅。
2. 腐乳一定要选用桂林白腐乳，并与鸡肉一起炒制，充分融合后醇香味才浓郁。
3. 鸡肉块不宜直接入锅炒制，需要腌制后再煎制，这样香味更加浓郁。

图 1-5-4　调料

四、依据步骤进行生产制作

步骤1：将肥嫩三黄鸡斩成小块（见图1-5-5），水发干笋切成与鸡块大小一致的块，水发香菇切大块，酸辣椒、干辣椒分别切成4 cm左右的段，青蒜切斜刀段（见图1-5-6）。

图1-5-5 砍鸡

图1-5-6 辅料刀工成品

步骤2：将鸡块放入盛器中加入姜葱汁、三花酒、盐、生抽、老抽，拌匀腌制备用（见图1-5-7）。

步骤3：净锅烧热后放入少许油，将腌制好的鸡肉放入锅中煎制（见图1-5-8），煎至干香后取出备用；水发香菇和水发干笋煸干水分备用；蒜粒入油锅中炸至微黄捞出备用。

图1-5-7 腌制鸡块

图1-5-8 煎制鸡块

步骤4：另起炒锅烧热放入油，下姜片、酸姜片、葱白段、八角、干沙姜、陈皮、草果、酸辣椒、干红辣椒爆香，再放入鸡块煸炒（见图1-5-9）。

步骤5：煸炒均匀后放入桂林豆腐乳，翻炒至腐乳均匀粘裹在鸡肉上后加入高汤、煸干水分的笋片和香菇片以及油炸蒜粒，再用生抽、老抽、味精、白糖调味，中火焖至入味，待汤汁收稠时，放入蚝油、海鲜酱炒匀，下青蒜段、胡椒粉翻炒均匀即可装盘（见图1-5-10）。

图1-5-9 煸炒

图1-5-10 焖制

任务6 螺蛳鸭脚煲

任务6 螺蛳鸭脚煲

任务目标

1. 搜集螺蛳鸭脚煲的历史文化及风味特色等信息，并能恰当选用合格的用料。
2. 掌握螺蛳鸭脚煲生产制作步骤、成品质量标准和安全操作注意事项。
3. 能依据任务实施说明做好各项准备，独立完成螺蛳鸭脚煲菜肴的生产制作。
4. 能遵守厨房"6S"或"4D"管理规定团结协作进行文明操作，确保卫生安全、形象优良、品质满意、损耗降低、效率提升。

任务描述

依据图1-6-1所示"螺蛳鸭脚煲菜肴成品图"，独立生产制作一份符合标准的菜肴。具体要求如下：

1. 生产制作前认真研读并熟记螺蛳鸭脚煲标准菜谱中所列的用料、制作流程、注意事项、制作过程等内容，观看螺丝鸭脚煲菜肴制作过程图片与操作视频，完成任务分析相关问题。

2. 用恪尽职守、责重如山的职业精神，专心致志、博大精深的专业精神，精益求精、追求卓越的工匠精神，在实训指导老师的监护下，用90分钟时间在标准化厨房中进行用料准备与生产制作。

图1-6-1 螺蛳鸭脚煲菜肴成品图

任务分析

螺蛳鸭脚煲具有酸香醇厚、香辣开胃、表皮焦香的特点，是《中国菜——中华人民共和国省籍地域经典名菜名筵录》中所列的广西十大经典名菜之一，首创于柳州。因"舌尖上的中国"的热播，螺蛳粉在全国大放异彩，螺蛳鸭脚煲等田螺美食也开始走红。如今在广西各地均可见到它的身影，螺蛳鸭脚煲在广西乃至中国已经遍地开花，越来越多的人喜欢上了这种独特的味道。为完成螺蛳鸭脚煲菜肴的生产制作任务，传承螺蛳鸭脚煲制作技艺，学员不仅要按照"任务描述"中的相关要求做好相关准备，还应认真分析、高质量完成此菜肴生产制作所涉及的几个核心问题。

1. 如何区别田螺和福寿螺？ _____。
2. 应选用什么样的鸭脚制作此菜？ _____。
3. 正式烹调前鸭脚是否需要炸制，炸至什么程度？ _____。
4. 此菜的味主要来源于哪些调辅料？ _____。
5. 此菜宜采用什么样的器皿盛装？ _____。

任务实施

一、主辅原料及调料准备

主辅料：田螺 500 g，鸭脚 8 个（见图 1-6-2）；猪骨汤 1 000 mL，生姜片 10 g，紫苏 10 g，酸笋丝 150 g，干红辣椒段 10 g（见图 1-6-3）。

调味料：八角 3 g，花椒 4 g，沙姜 2 g，盐 3 g，料酒 15 mL，红油 100 mL（见图 1-6-4）。

图 1-6-2 主料

图 1-6-3 辅料

二、生产制作流程识读

煸炒田螺→炸鸭脚→干炒酸笋→煮田螺→装入煲中→煲制成菜。

三、生产制作注意事项识读

1. 炸制鸭脚时可以用锅盖盖上，防止油四处飞溅造成安全隐患。
2. 干炒酸笋时火力不宜太大，否则将导致酸笋外表迅速起结膜，导致内部的水分无法干透，造成香味不足。
3. 可以根据地方消费者的需要适当添加油炸芋头、豆腐果、鹌鹑蛋等。

图 1-6-4 调味料

四、依据步骤进行生产制作

步骤1：将田螺的螺尖部用专用的钳子钳掉（见图1-6-5），然后用刷子将表面的污物刷洗干净后放进炒锅中，加入少许盐及料酒，小火煸炒至田螺中的水分收干后盛出，挑去螺盖（见图1-6-6），洗净备用。

图1-6-5　去掉螺尖的成品

图1-6-6　去掉螺盖的成品

步骤2：锅烧热后倒入约1 L食用油，待油温升至六成热时，把鸭脚沿锅边放入油锅中炸制（见图1-6-7），炸制过程可以加锅盖，以防止油花飞溅，待炸至鸭脚表面微黄酥脆时捞出（见图1-6-8），放入盛器中备用。

图1-6-7　炸鸭脚

图1-6-8　炸鸭脚成品

步骤3：将酸笋用中小火干炒至表面微微焦黄（见图1-6-9），捞出放入盛器中备用。热锅中放入少许食用油，加生姜片、酸笋、花椒、沙姜、八角、辣椒稍炒后，放入田螺炒制香味浓郁后加入猪骨汤，用少许盐调味，淋入红油，盖上锅盖煮约10分钟。

步骤4：将煮好的螺蛳转移到瓦煲中，将鸭脚整齐地摆放在上面（见图1-6-10），放在煲仔炉上盖上盖子，小火煲制约20分钟，放入紫苏叶，继续煲约2分钟即成。

图1-6-9　炒制酸笋

图1-6-10　移入瓦煲

任务7 酸笋黄豆焖鱼仔

任务7 酸笋黄豆焖鱼仔

任务目标

1. 搜集酸笋黄豆焖鱼仔的原料特点及风味特色等信息，并能恰当选用合格的用料。
2. 掌握酸笋黄豆焖鱼仔生产制作步骤、成品质量标准和安全操作注意事项。
3. 能依据任务实施说明做好各项准备，独立完成酸笋黄豆焖鱼仔菜肴的生产制作。
4. 能遵守厨房"6S"或"4D"管理规定，团结协作，进行文明操作，确保卫生安全、形象优良、品质满意、损耗降低、效率提升。

任务描述

依据图1-7-1所示"酸笋黄豆焖鱼仔菜肴成品图"，独立生产制作一份符合标准的菜肴。具体要求如下：

1. 生产制作前认真研读并熟记酸笋黄豆焖鱼仔标准菜谱中所列的用料、制作流程、注意事项、制作过程等内容，观看酸笋黄豆焖鱼仔菜肴制作过程图片与操作视频，完成任务分析相关问题。

2. 用恪尽职责、责重如山的职业精神，专心致志、博大精深的专业精神，精益求精、追求卓越的工匠精神，在实训指导老师的监护下，用90分钟时间在标准化厨房中进行用料准备与生产制作。

图1-7-1 酸笋黄豆焖鱼仔菜肴成品图

任务分析

酸笋黄豆焖鱼仔具有酸辣开胃、入口酥香、酱汁浓稠、酸香扑鼻的特点，是柳州地区的传统风味名菜，是自治区商务厅通过网络公开投票选出的20道桂菜特色名菜之一。酸笋是广西的传统调味佳品，菜肴中加入少量酸笋，其味浓郁绵长。现代营养学研究表明黄豆为"豆中之王",被人们叫作"植物肉""绿色的乳牛",营养价值最丰富。为完成酸笋黄豆焖鱼仔菜肴的生产制作任务,传承酸笋黄豆焖鱼仔制作技艺,学员不仅要按照"任务描述"中的相关要求做好相关准备,还应认真分析、高质量完成此菜肴生产制作所涉及的几个核心问题。

1. 鱼仔指的是什么样的鱼?＿＿＿＿＿＿＿＿＿＿＿＿＿＿＿＿＿＿＿＿。
2. 黄豆炸制前应经过什么环节处理?＿＿＿＿＿＿＿＿＿＿＿＿＿＿＿＿＿＿。
3. 鱼仔初步处理时采用油炸还是煎制的方式?＿＿＿＿＿＿＿＿＿＿＿＿＿＿。
4. 制作这道菜的核心辅料是什么?＿＿＿＿＿＿＿＿＿＿＿＿＿＿＿＿＿＿。
5. 此菜宜采用什么样的器皿盛装?＿＿＿＿＿＿＿＿＿＿＿＿＿＿＿＿＿＿。

 任务实施

一、主辅原料及调料准备

主辅料:野生河鱼仔 500 g(见图 1-7-2);水泡黄豆 100 g,红泡椒 3 个,小米辣椒 3 个,酸笋丝 120 g,蒜米 15 g(见图 1-7-3)。

调味料:料酒 15 mL,生抽 10 mL,黄豆酱 15 g,蚝油 20 g,精盐 5 g,生粉 25 g,红油 10 mL(见图 1-7-4)。

图 1-7-2　主料

图 1-7-3　辅料

二、生产制作流程识读

刀工处理→腌制鱼仔→煎制鱼仔→炸黄豆→烹调→出锅装盘。

三、生产制作注意事项识读

1. 宰杀鱼仔时需要将内脏去除干净,并用清水反复清洗直到清澈透亮。
2. 煎制鱼仔前加入少许生粉,以防止鱼仔煎制时易破碎,且煎制火力不宜过大。
3. 根据消费者的口味需要,可以适当增加香葱段或香菜段等。

图 1-7-4　调味料

四、依据步骤进行生产制作

步骤1：将鱼仔用小刀开一小口后取内脏（见图1-7-5），再用清水将腹部中的残留的污物清洗干净，红泡椒采用斜刀法切成斜刀片，小米椒采用直刀法切成辣椒圈（见图1-7-6），蒜米剁成蒜蓉备用。

图1-7-5　取出鱼仔内脏

图1-7-6　小米椒切圈

步骤2：锅烧热后放入1 L左右的食用油，待油温升至七成热时放入鱼仔炸制（见图1-7-7），待鱼仔颜色成焦黄色后捞出备用。

步骤3：将水泡黄豆放入油锅中炸制，待黄豆酥脆时即可捞出备用（见图1-7-8）。

图1-7-7　炸制鱼仔

图1-7-8　油炸黄豆成品

步骤4：另起锅加入酸笋丝煸炒（见图1-7-9），然后放入适量食用油，把切配好的蒜蓉、红泡椒、小米椒放入锅中，将其炒出香味，再加入黄豆酱稍炒后，往锅中加入适量清水，烧开后用生抽和蚝油调味。

步骤5：把炸好的黄豆，以及煎好的鱼仔加入锅中（见图1-7-10），焖约8分钟至汤汁收少，再往锅中加入适量的淀粉水，使汤汁呈黏稠状，再加入少许红油稍微翻炒即可出锅装盘。

图1-7-9　煸炒酸笋

图1-7-10　主料入锅翻炒

任务8 螺蛳鸡

任务8 螺蛳鸡

 任务目标

1. 搜集螺蛳鸡的风味特点及创新发展等信息，并能恰当选用合格的用料。
2. 掌握螺蛳鸡生产制作步骤、成品质量标准和安全操作注意事项。
3. 能依据任务实施说明做好各项准备，独立完成螺蛳鸡菜肴的生产制作。
4. 能遵守厨房"6S"或"4D"管理规定，团结协作，进行文明操作，确保卫生安全、形象优良、品质满意、损耗降低、效率提升。

 任务描述

依据图1-8-1所示"螺蛳鸡菜肴成品图"，独立生产制作一份符合标准的菜肴。具体要求如下：

1. 生产制作前认真研读并熟记螺蛳鸡标准菜谱中所列的用料、制作流程、注意事项、制作过程等内容，观看螺蛳鸡菜肴制作过程图片与操作视频，完成任务分析相关问题。

2. 用恪尽职责、责重如山的职业精神，专心致志、博大精深的专业精神，精益求精、追求卓越的工匠精神，在实训指导老师的监护下，用90分钟时间在标准化厨房中进行用料准备与生产制作。

图1-8-1 螺蛳鸡菜肴成品图

 **任务分析**

螺蛳鸡具有色泽红艳、酥烂爽口、味香鲜辣酸的特点，是柳州地区的传统风味名菜，是自治区商务厅通过网络公开投票选出的20道桂菜特色名菜之一。柳州人嗜吃螺蛳，在中国南方这座2 100年的历史文化名城里，螺蛳系列菜肴无处不在，既现于市井之中，也登得大雅之堂。螺蛳的美味更是集"酸、辣、鲜、爽、烫"于一身，征服了无数柳州人的胃。为完成螺蛳鸡菜肴的生产制作任务，传承螺蛳鸡制作技艺，学员不仅要按照"任务描述"中的相

关要求做好相关准备，还应认真分析、高质量完成此菜肴生产制作所涉及的几个核心问题。

1. 此菜的螺蛳宜选用什么品种的螺？_____。
2. 为达到最佳效果，对选用的鸡有什么要求？_____。
3. 如何处理才能去掉螺蛳体内的沙？_____。
4. 如何处理螺蛳才能达到祛异增香？_____。
5. 此菜宜采用什么样的器皿盛装？_____。

任务实施

一、主辅原料及调料准备

主辅料：田螺 600 g，鸡半只约 750 g（见图 1-8-2）；生姜 50 g，蒜粒 30 g，小米椒 4 个，红泡椒 5 个，酸笋 70 g，紫苏叶 50 g，薄荷叶 30 g（见图 1-8-3）。

调味料：八角 4 粒，桂皮 15 g，草果 2 个，沙姜 5 g，香叶 3 片，花椒 4 g，料酒 25 mL，三花酒 15 mL，豆腐乳 20 g，生抽 15 mL，老抽 4 mL，精盐 5 g，鲜汤 500 mL，红油 100 mL（见图 1-8-4）。

图 1-8-2　主料

图 1-8-3　辅料

二、生产制作流程识读

处理田螺→刀工处理→煸炒酸笋→煸炒鸡肉→烹调成菜→出锅装盘。

三、生产制作注意事项识读

1. 为让田螺吐出泥沙，可以在"饿养"阶段加入少许香油。
2. 炒鸡肉不宜炒太久，刚熟即可，避免鸡肉过熟口感变韧。
3. 辣椒和红油可以根据客人的口味适量增减。

图 1-8-4　调味料

四、依据步骤进行生产制作

步骤1：将螺尖部分敲碎（见图1-8-5），刷洗干净后放进炒锅中，加入少许盐及料酒，小火焗炒至田螺中的水分收干后捞出清洗干净、挑去螺盖（见图1-8-6）。

图1-8-5　去掉螺尖部

图1-8-6　挑去螺盖

步骤2：将鸡剁成小块（见图1-8-7），生姜切丁，蒜米切丁，小米椒切1cm左右的段，红泡椒切斜刀片，酸笋切粗丝，紫苏叶切粗丝，薄荷叶切粗丝。

步骤3：将酸笋放入炒锅中，用中小火干炒至表面微微焦黄后捞出；锅中加入少许食用油，放入一半姜丁炒香后，加入鸡块及少许食盐炒制（见图1-8-8），待表皮收紧出锅备用。

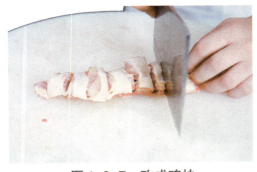
图1-8-7　砍成鸡块

图1-8-8　炒制鸡块

步骤4：锅洗干净后加热，加入适量的油，下姜丁、蒜粒、小米椒、酸红泡椒、香料等煸炒至味香时加入酸笋，稍炒后加入田螺（见图1-8-9），从锅边加入三花酒，再加入豆腐乳稍炒后，加入鲜汤及红油，用生抽、老抽、盐调色调味，煮约15分钟后倒入鸡肉继续煮约5分钟收汁，加入紫苏、薄荷叶稍翻炒即可出锅装盘（见图1-8-10），趁热上桌即可。

图1-8-9　放入辅料炒制

图1-8-10　出锅装盘

任务9　长安芙蓉酥

任务9　长安芙蓉酥

任务目标

1. 搜集长安芙蓉酥的民间文化及风味特色等信息，并能恰当选用合格的用料。
2. 掌握长安芙蓉酥生产制作步骤、成品质量标准和安全操作注意事项。
3. 能依据任务实施说明做好各项准备，独立完成长安芙蓉酥菜肴的生产制作。
4. 能遵守厨房"6S"或"4D"管理规定，团结协作，进行文明操作，确保卫生安全、形象优良、品质满意、损耗降低、效率提升。

任务描述

依据图1-9-1所示"长安芙蓉酥菜肴成品图"，独立生产制作一份符合标准的菜肴。具体要求如下：

1. 生产制作前认真研读并熟记长安芙蓉酥标准菜谱中所列的用料、制作流程、注意事项、制作过程等内容，观看长安芙蓉酥菜肴制作过程图片与操作视频，完成任务分析相关问题。

2. 用恪尽职守、责重如山的职业精神，专心致志、博大精深的专业精神，精益求精、追求卓越的工匠精神，在实训指导老师的监护下，用90分钟时间在标准化厨房中进行用料准备与生产制作。

图1-9-1　长安芙蓉酥菜肴成品图

 任务分析

长安芙蓉酥具有色泽金黄、外酥内软、油而不腻的特点，是柳州融安地区的名菜，每至节日融城百姓都会做上一碗芙蓉酥，置办酒席时也少不了这道菜。长安芙蓉酥菜名起源于清朝道光年间的一段爱情故事，此菜至今已有200余年的历史，在融安几乎家家户户都会制作芙蓉酥。2016年11月，融安县长安芙蓉酥制作技艺入选广西非物质文化遗产保护名录。为完成长安芙蓉酥菜肴的生产制作任务，传承长安芙蓉酥制作技艺，学员不仅要按照

"任务描述"中的相关要求做好相关准备，还应认真分析、高质量完成此菜肴生产制作所涉及的几个核心问题。

1. 芙蓉酥是糕点还是菜肴？_____。
2. 制作这道菜肴采用什么烹调方法成菜？_____。
3. 选用什么样的猪肉最适宜？_____。
4. 刀工处理上有什么特别的要求？_____。
5. 调制浆糊时需要注意什么？_____。

 任务实施

一、主辅原料及调料准备

主辅料：五花肉 300 g（见图 1-9-2）；水发木耳 70 g，马蹄 120 g，水发香菇 50 g，香葱 25 g，鸡蛋 3 个，香脆炸粉 150 g，生粉 30 g（见图 1-9-3）。

调味料：蚝油 20 g，生抽 15 mL，五香粉 2 g，胡椒粉 1 g，精盐 3 g（见图 1-9-4）。

图 1-9-2　主料

图 1-9-3　辅料

二、生产制作流程识读

刀工处理→拌馅→调制鸡蛋糊→制坯→炸制→改刀装盘。

三、生产制作注意事项识读

1. 肉馅和配料选用胡萝卜、芋头、干笋等较脆的蔬菜，芙蓉酥的口感会更香脆。
2. 肉馅宜选半肥瘦的猪肉，去皮的五花肉也可以，最好能手工剁碎。
3. 面浆需要反复剁入肉馅中，这样才会在炸制过程中肉馅与面皮不散。

图 1-9-4　调味料

四、依据步骤进行生产制作

步骤 1：将水发木耳、马蹄、水发香菇、香葱清洗干净之后分别切碎，五花肉去皮后剁成肉末（见图 1-9-5）。

步骤 2：将加工好的主辅原料放入盆中，加入蚝油、生抽、五香粉、白胡椒粉、盐及少许生粉（见图 1-9-6），搅打上劲即可。

图 1-9-5　主辅料刀工成品

图 1-9-6　调味制馅

步骤 3：将鸡蛋打散在碗里，加少许盐，用筷子打散，逐渐加入香脆炸粉，搅拌至黏稠的全蛋糊，用勺子舀起下倒时能呈长丝状（见图 1-9-7）。

步骤 4：把肉馅铺在抹有适量油的砧板上，铺成厚约 2 cm 的块状，将全蛋糊浇在肉馅上，用勺子慢慢向外铺匀（见图 1-9-8）。用刀轻轻来回剁几下，使肉馅与面皮镶嵌住。然后切成若干小块，方便下锅炸就行。

图 1-9-7　调制全蛋糊

图 1-9-8　铺全蛋糊

步骤 5：锅烧热后放入约 1.5L 油，待油温六成热时，在菜刀上抹一层油，然后用刀铲起肉块，放入油锅中，定型之后，反复翻动 2 次，炸至肉块浮起（见图 1-9-9），外表金黄色时捞出备用。

步骤 6：将炸好的肉块放在熟食砧板上切成大小适宜的块（见图 1-9-10），装盘即可。

图 1-9-9　炸制

图 1-9-10　切块装盘

任务10 红糖酸炒猪肚

任务10 红糖酸炒猪肚

任务目标

1. 搜集红糟酸炒猪肚的风味特点及红糟酸等信息，并能恰当选用合格的用料。
2. 掌握红糟酸炒猪肚生产制作步骤、成品质量标准和安全操作注意事项。
3. 能依据任务实施说明做好各项准备，独立完成红糟酸炒猪肚菜肴的生产制作。
4. 能遵守厨房"6S"或"4D"管理规定，团结协作，进行文明操作，确保卫生安全、形象优良、品质满意、损耗降低、效率提升。

任务描述

依据图1-10-1所示"红糟酸炒猪肚菜肴成品图"，独立生产制作1份符合标准的菜肴。具体要求如下：

1. 生产制作前认真研读并熟记红糟酸炒猪肚标准菜谱中所列的用料、制作流程、注意事项、制作过程等内容，观看红糟酸炒猪肚菜肴制作过程图片与操作视频，完成任务分析相关问题。

2. 用恪尽职责、责重如山的职业精神，专心致志、博大精深的专业精神，精益求精、追求卓越的工匠精神，在实训指导老师的监护下，用90分钟时间在标准化厨房中进行用料准备与生产制作。

图1-10-1 红糟酸炒猪肚菜肴成品图

任务分析

红糟酸炒猪肚具有色泽嫣红美观、口味酸辣可口、口感爽脆开胃的特点，是来宾地区的一道以武宣红糟酸为主要调味料制作的特色菜肴，深受当地人民群众的欢迎。武宣红糟酸制作技艺入选第七批广西壮族自治区级非物质文化遗产名录，用它来腌制各种蔬菜或焖鱼、炒大肠、炒猪肚等，香味沁人心脾，让人垂涎三尺，食用后回味无穷。为完成红糟酸炒猪肚菜肴的生产制作任务，传承红糟酸炒猪肚制作技艺，学员不仅要按照"任务描述"中的相关要求做好相关准备，还应认真分析、高质量完成此菜生产制作所涉及的几个核心问题。

1. 红糟酸的颜色是天然的还是人工染色？_____。
2. 入菜前应怎样处理红糟酸？_____。
3. 如何清洗猪肚？_____。
4. 猪肚应切成什么形状？为什么？_____。
5. 制作此菜应采用什么火力烹调？_____。

🚀 任务实施

一、主辅原料及调料准备

主辅料：猪肚 1 个约 750 g（见图 1-10-2）；香葱 50 g，生姜片 30 g，红糟姜酸 35 g，红糟豆角蒜 40 g，红糟辣椒酸 80 g，红糟藠头酸 35 g，面粉 100 g（见图 1-10-3）。

调味料：红糟汁 80 g，精盐 43 g，白糖 4 g，料酒 90 mL，三花酒 8 mL，生抽 6 mL，鸡精 4 g，味精 2 g，胡椒粉 1 g（见图 1-10-4）。

图 1-10-2　主料

图 1-10-3　辅料

二、生产制作流程识读

清洗猪肚→预熟处理→刀工处理→炒制→出锅装盘。

三、生产制作注意事项识读

1. 配菜可适当添加芋蒙、青蒜等。
2. 猪肚腥臭味较重，需要彻底清洗干净方可用于烹调，在预熟处理过程中可以根据成菜质量要求的"爽脆""软嫩"选择煮制时间。
3. 增鲜调味料，可根据消费者的饮食习惯做出调整。

图 1-10-4　调味料

四、依据步骤进行生产制作

步骤1：将猪肚放在盆中，拌入精盐20 g、面粉50 g、料酒20 mL，仔细地揉搓猪肚的内外两面（见图1-10-5），然后用清水彻底漂洗干净，再次重复以上步骤，直到清洗干净，用剪刀将猪肚内的白色脂肪剪掉（见图1-10-6），放入盆中备用。

图1-10-5 清洗猪肚

图1-10-6 剪去脂肪

步骤2：将猪肚入锅中焯水捞出洗净，去除内壁的黏膜，然后再次入水锅，加入料酒30mL、香葱25g、生姜片，大火烧沸腾后转小火炖煮（见图1-10-7），煮至猪肚软时捞出备用。

步骤3：将红糟姜酸、红糟豆角酸、红糟辣椒酸、红糟藠头分别切成小块，25g香葱切段，猪肚切成斜刀片（见图1-10-8），红糟汁用料理机打茸。

图1-10-7 煮制猪肚

图1-10-8 猪肚切片

步骤4：锅烧热后加入适量的油，加入切好的红糟姜酸、红糟豆角酸、红糟辣椒酸、红糟藠头炒制（见图1-10-9），待香味浓郁后，加入红糟酸汁继续翻炒1分钟后放入猪肚，从锅边淋入三花酒后翻炒（见图1-10-10），用精盐、白糖、生抽、鸡精、味精、胡椒粉调味后淋入少许生粉水，加入葱段稍翻炒即可出锅装盘。

图1-10-9 炒制配菜

图1-10-10 翻炒猪肚

任务11　黄姚豆腐酿

任务11　黄姚豆腐酿

任务目标

1. 搜集黄姚豆腐酿的文化特色及菜肴风味色等信息，并能恰当选用合格的用料。
2. 掌握黄姚豆腐酿生产制作步骤、成品质量标准和安全操作注意事项。
3. 能依据任务实施说明做好各项准备，独立完成黄姚豆腐酿菜肴的生产制作。
4. 能遵守厨房"6S"或"4D"管理规定，团结协作，进行文明操作，确保卫生安全、形象优良、品质满意、损耗降低、效率提升。

任务描述

依据图1-11-1所示"黄姚豆腐酿菜肴成品图"，独立生产制作一份符合标准的菜肴。具体要求如下：

1. 生产制作前认真研读并熟记黄姚豆腐酿标准菜谱中所列的用料、制作流程、注意事项、制作过程等内容，观看黄姚豆腐酿菜肴制作过程图片与操作视频，完成任务分析相关问题。

2. 用恪尽职守、责重如山的职业精神，专心致志、博大精深的专业精神，精益求精、追求卓越的工匠精神，在实训指导老师的监护下，用90分钟时间在标准化厨房中进行用料准备与生产制作。

图1-11-1　黄姚豆腐酿菜肴成品图

任务分析

黄姚豆腐酿具有咸鲜味浓、香气扑鼻、百煮不难的特点，又称为客家豆腐酿，是贺州黄姚古镇的特色菜肴之一，也是贺州客家菜最具代表性的菜肴之一，起源于贺州的黄姚古镇，在贺州当地几乎是无人不知无人不晓。黄姚豆腐酿美名远扬，非常嫩滑，甚至连大文豪苏东坡都曾赞赏道："有此物在桌，又何必鸡豚？"在苏东坡的眼里，黄姚豆腐酿是比肉还要好吃的美食。为完成黄姚豆腐酿菜肴的生产制作任务，传承黄姚豆腐酿制作技艺，学员不仅要按照"任务描述"中的相关要求做好相关准备，还应认真分析、高质量完成此菜肴生产制作所涉及的几个核心问题。

1. 豆腐应选卤水豆腐还是石膏豆腐？_____。
2. 豆腐需要加工成什么形状后再酿？_____。
3. 酿制时选料有什么要求？_____。
4. 调制馅料时需要注意什么？_____。
5. 此菜宜采用什么样的器皿盛装？_____。

🚀 任务实施

一、主辅原料及调料准备

主辅料：老豆腐 1 块约 750 g（见图 1-11-2）；优质五花肉 250 g，香葱 50 g，鸡蛋 1 个（见图 1-11-3）。

调味料：精盐 5 g，姜末 10 g，料酒 10 mL，豆豉水 350 mL（见图 1-11-4）。

图 1-11-2　主料

图 1-11-3　辅料

二、生产制作流程识读

豆腐皮加工→刀工处理→调制馅心→酿制成型→煎制→煲制成菜。

三、生产制作注意事项识读

1. 为增加豆腐的黏性可以适当增加鸡蛋清、水淀粉等黏性原料。
2. 酿制过程中应用豆腐碎将馅料充分包裹均匀，防止馅料外露。
3. 煎制豆腐时应适当控制火候，防止煎制颜色过深。

图 1-11-4　调味料

四、依据步骤进行生产制作

步骤1：将老豆腐放在盛器中捏碎（见图1-11-5），鸡蛋敲个小口，加入半个鸡蛋清，将其抓拌均匀，使豆腐碎跟蛋清充分融合在一起，帮助豆腐更好地黏合。

步骤2：去掉五花肉的猪皮后剁碎放到盛器里，加入盐、料酒、姜末等调味料，顺着一个方向搅拌至上劲（见图1-11-6），然后静置备用。

图1-11-5 捏碎豆腐

图1-11-6 搅拌肉馅

步骤3：把香葱切碎放到盛肉馅的盛器中，淋上一小勺食用油（见图1-11-7），淋油的目的是使葱花表面有油包裹，防止肉馅里的盐分使葱花里的水分脱离，然后将肉馅和葱花充分抓拌均匀。

步骤4：把碎豆腐放在手掌上，中间压一个凹陷后放入肉馅（见图1-11-8），用豆腐把馅料包裹紧实，使其表面光滑，放入盘中备用。

图1-11-7 拌馅

图1-11-8 包制

步骤5：用平底锅煎制酿制好的豆腐酿，采用中等火力，先把豆腐酿一面煎到焦黄（见图1-11-9），再翻动煎另外一面，煎至两面都呈焦黄后取出备用。

步骤6：将煎好的豆腐酿放入瓦煲中（见图1-11-10），加入适量的豆豉水，调入食盐，放在煲仔炉上煲至熟透后撒入少许香葱即可上桌。

图1-11-9 煎制

图1-11-10 放入瓦煲煲制

任务12 贺州三宝酿

任务12 贺州三宝酿

任务目标

1. 搜集贺州三宝酿的文化特点及烹调特色等信息，并能恰当选用合格的用料。
2. 掌握贺州三宝酿生产制作步骤、成品质量标准和安全操作注意事项。
3. 能依据任务实施说明做好各项准备，独立完成贺州三宝酿菜肴的生产制作。
4. 能遵守厨房"6S"或"4D"管理规定，团结协作，进行文明操作，确保卫生安全、形象优良、品质满意、损耗降低、效率提升。

任务描述

依据图1-12-1所示"贺州三宝酿菜肴成品图"，独立生产制作一份符合标准的菜肴。具体要求如下：

1. 生产制作前认真研读并熟记贺州三宝酿标准菜谱中所列的用料、制作流程、注意事项、制作过程等内容，观看贺州三宝酿菜肴制作过程图片与操作视频，完成任务分析相关问题。

2. 用恪尽职守、责重如山的职业精神，专心致志、博大精深的专业精神，精益求精、追求卓越的工匠精神，在实训指导老师的监护下，用90分钟时间在标准化厨房中进行用料准备与生产制作。

图1-12-1 贺州三宝酿菜肴成品图

任务分析

贺州三宝酿具有豉香气味扑鼻、形态美观、咸鲜味浓的特点，是《中国菜——中华人民共和国省籍地域经典名菜名筵录》中所列的广西十大经典名菜之一。贺州市位于广西东北部，秦汉时期，是"粤楚通衢"的前沿阵地，多个民族的群众在此汇聚，带来了不同的美食，造就了贺州的饮食文化的多元。其中，在贺州最具代表性的就是酿菜，而酿菜中的代表就是贺州三宝酿。为完成贺州三宝酿菜肴的生产制作任务，传承贺州三宝酿制作技艺，学员不仅要按照"任务描述"中的相关要求做好相关准备，还应认真分析、高质量完成此菜肴生产制作所涉及的几个核心问题。

1. 三宝酿指的是哪三宝？_____。
2. 酿制馅料选择有何要求？_____。
3. 刀工处理三宝原料时，其规格标准是什么？_____。
4. 煎制环节需要注意什么？_____。
5. 此菜宜采用什么样的器皿盛装？_____。

🚀 任务实施

一、主辅原料及调料准备

主辅料：猪肉馅 450 g，苦瓜 1 个，青椒 3 个，茄子 1 个（见图 1-12-2）；葱白段 15 g，生姜 10 g，蒜粒 10 g，虾米 25 g，水发香菇 3 朵，蛋清 1 个，生粉 30 g（见图 1-12-3）。

调味料：豆豉 20 g，生抽 10 mL，蚝油 30 g，精盐 2 g（见图 1-12-4）。

图 1-12-2 主料

图 1-12-3 辅料

二、生产制作流程识读

刀工处理→调制馅料→酿制→煎制→焖制→出锅装盘。

三、生产制作注意事项识读

1. 切好苦瓜可放盐腌制，不仅可以去苦，还能保持颜色。
2. 茄子切好可以用清水浸泡一下，以防止茄子产生褐变反应，出现黑色。
3. 煎的时候一定要小火，翻转二次，这样不易焦且熟。

图 1-12-4 调味料

四、依据步骤进行生产制作

步骤1：苦瓜斜切成2 cm的段（见图1-12-5），青椒斜切成3 cm长的段，茄子斜切成双飞片（见图1-12-6），每片厚度大约1 cm，刀口深度大约为原料的三分之二；去除苦瓜的瓤，去除辣椒中的籽；水发香菇先切成片，然后切成丝，转过来切成碎末；虾米切碎，生姜切成茸，葱白切小丁。

图1-12-5　切苦瓜

图1-12-6　切茄子

步骤2：将猪肉馅放进盛器中，加入香菇末、虾米碎、姜茸、葱白末等，然后放入精盐、生抽和少许生粉（见图1-12-7），搅打起胶，然后加入少许蛋清，抓拌均匀。

步骤3：茄子夹、苦瓜段、青椒段的切口处抹一点生粉，然后酿入肉馅（见图1-12-8）。抹生粉的目的是增加其黏度，防止烹调过程中酿入的肉馅脱出。

图1-12-7　拌制肉馅

图1-12-8　酿辣椒半成品

步骤4：把锅烧热，加入一勺油润锅，调到中火，放加工好的苦瓜酿、茄子酿、青椒酿，小火煎至焦黄色（见图1-12-9），盛出备用。

步骤5：另起锅烧热加入少许底油，加入蒜片、豆豉，用小火炒香后放入煎好的三宝，加入汤水，焖制约10分钟后用盐、蚝油、生抽调味，用淀粉水进行勾芡（见图1-12-10），淋尾油即可出锅。

图1-12-9　煎制

图1-12-10　勾芡

任务13 黄田扣肉

任务13 黄田扣肉

 任务目标

1. 搜集黄田扣肉的文化特点及烹调特色等信息,并能恰当选用合格的用料。
2. 掌握黄田扣肉生产制作步骤、成品质量标准和安全操作注意事项。
3. 能依据任务实施说明做好各项准备,独立完成黄田扣肉菜肴的生产制作。
4. 能遵守厨房"6S"或"4D"管理规定,团结协作,进行文明操作,确保卫生安全、形象优良、品质满意、损耗降低、效率提升。

任务描述

依据图1-13-1所示"黄田扣肉菜肴成品图",独立生产制作一份符合标准的菜肴。具体要求如下:

1. 生产制作前认真研读并熟记黄田扣肉标准菜谱中所列的用料、制作流程、注意事项、制作过程等内容,观看黄田扣肉菜肴制作过程图片与操作视频,完成任务分析相关问题。

2. 用恪尽职责、责重如山的职业精神,专心致志、博大精深的专业精神,精益求精、追求卓越的工匠精神,在实训指导老师的监护下,用90分钟时间在标准化厨房中进行用料准备与生产制作。

图1-13-1 黄田扣肉菜肴成品图

 任务分析

黄田扣肉具有肥而不腻、香甜可口的特点,是贺州地区著名的特色菜之一,每逢佳节,贺州当地宴席上必备这道菜肴,素有"无扣肉不成席"之说,也是贺州喜宴招待宾客必备的名菜。扣肉在广西比较常见,而贺州的黄田扣肉是独一无二的,别有一番风味。黄田扣肉是双扣,也就是两块没有切断的五花肉将油炸过的芋头包在里面。在贺州市的美食节评选活动中，黄田扣肉被评为"贺州十大金牌名菜"。为完成黄田扣肉菜肴的生产制作任务，传承黄田扣肉制作技艺，学员不仅要按照"任务描述"中的相关要求做好相关准备，还应认真分析、高质量完成此菜肴生产制作所涉及的几个核心问题。

  1. 主料应选用猪的哪一个部位的肉？_____。

  2. 肉皮需要炸发起来吗？_____。

  3. 刀工处理时，主要原料的规格标准是什么？_____。

  4. 此菜主要使用什么烹调技法成菜？_____。

  5. 此菜宜采用什么样的器皿盛装？_____。

任务实施

一、主辅原料及调料准备

主辅料：五花肉 1 块约 800 g（见图 1-13-2）；芋头 1 块约 400 g，红枣 4 粒约 25 g，水发香菇 4 个约 50 g，香葱 35 g，生姜 40 g（见图 1-13-3）。

调味料：料酒 30 mL，黄酒 30 mL，冰糖 50 g，豆腐乳 1 块，南乳 1 块，十三香 1 g，老抽 5 mL，生抽 15 mL（见图 1-13-4）。

图 1-13-2 主料

图 1-13-3 辅料

二、生产制作流程识读

煮肉→猪皮扎孔→刀工处理→炸制→刀工及装扣碗→调汁→出锅装盘。

三、生产制作注意事项识读

  1. 五花肉宜用肥瘦相间五花三层的土猪肉，芋头最好选用荔浦大芋，这样做出来的扣肉软糯香滑、入口即化。

图 1-13-4 调味料

  2. 五花肉煮熟要立刻捞出，表皮朝上，分开摊放，在皮上扎孔，通过炸制减少猪肉的油腻感，以达到肥而不腻的效果。

四、依据步骤进行生产制作

步骤1：冷水锅中加入姜片、料酒及五花肉浸煮约30分钟，待熟透时捞出（见图1-13-5）。将表面的水擦干后用扣肉针扎孔，然后抹上20 g冰糖与30 mL黄酒充分融合的汁水（见图1-13-6），晾干表面水分备用。

图1-13-5　煮熟五花肉

图1-13-6　涂抹汁水

步骤2：芋头切成长约6 cm、厚约0.6 cm的片，将红枣、水发香菇切碎（见图1-13-7）。

步骤3：锅烧热后倒入食用油约1.5 L，待油温上升至六成热时，放入初步处理好的肉炸至表皮充分爆裂后捞起（见图1-13-8），放凉后备用；将芋头片放入热油中炸至其浮于油面，表面淡黄，酥香逼人，便可捞起备用。

图1-13-7　辅料刀工成品

图1-13-8　五花肉炸制成品

步骤4：将炸好的五花肉切成长约5 cm、厚约0.8 cm的夹刀片，夹入1片炸后的芋头，皮朝下，整齐地摆放在扣碗中；将红枣碎、香菇碎、冰糖、煮猪肉的原汤、豆腐乳、南乳、十三香、老抽、生抽均匀搅拌直至汤汁浓稠，倒入扣碗中（见图1-13-9），即成半成品。

步骤5：将半成品放入蒸笼后，先用武火蒸约40分钟，再转文火蒸30分钟至肉软糯取出（见图1-13-10），扣在盛菜碟中，适当点缀即可上桌。

图1-13-9　装入扣碗

图1-13-10　蒸熟出锅

任务14　富川糟辣鱼

任务14　富川糟辣鱼

任务目标

1. 搜集富川糟辣鱼的文化特点及烹调特色等信息，并能恰当选用合格的用料。
2. 掌握富川糟辣鱼生产制作步骤、成品质量标准和安全操作注意事项。
3. 能依据任务实施说明做好各项准备，独立完成富川糟辣鱼菜肴的生产制作。
4. 能遵守厨房"6S"或"4D"管理规定，团结协作，进行文明操作，确保卫生安全、形象优良、品质满意、损耗降低、效率提升。

任务描述

依据图1-14-1所示"富川糟辣鱼菜肴成品图"，独立生产制作一份符合标准的菜肴。具体要求如下：

1. 生产制作前认真研读并熟记富川糟辣鱼标准菜谱中所列的用料、制作流程、注意事项、制作过程等内容，观看富川糟辣鱼菜肴制作过程图片与操作视频，完成任务分析相关问题。

2. 用恪尽职守、责重如山的职业精神，专心致志、博大精深的专业精神，精益求精、追求卓越的工匠精神，在实训指导老师的监护下，用90分钟时间在标准化厨房中进行用料准备与生产制作。

图1-14-1　富川糟辣鱼菜肴成品图

任务分析

富川糟辣鱼具有色泽金红、肉质鲜嫩、酸辣适中的特点，是贺州富川的特色菜肴之一，也是贺州特色名菜之一。在贺州市的美食节评选活动中，富川糟辣鱼被评为"贺州十大金牌名菜"。糟辣椒在富川很流行，做上一罐罐糟辣椒是秋季每个家庭的一个重要节目，将切好的辣椒和蒜粒混合均匀，加盐、白酒放入罐中密封，3～5天渐渐变酸，可以当小菜直接吃，也可以做一种特殊的辣酱，用来炒生菜等蔬菜。为完成富川糟辣鱼菜肴的生产制作任务，传承富川糟辣鱼制作技艺，学员不仅要按照"任务描述"中的相关要求做好相关准备，还应认真分析、高质量完成此菜肴生产制作所涉及的几个核心问题。

1. 糟辣椒与辣椒酱有什么区别？＿＿＿＿＿＿＿＿＿＿＿＿＿＿＿＿＿＿＿＿＿＿。
2. 制作此菜是选河鱼还是水库鱼？＿＿＿＿＿＿＿＿＿＿＿＿＿＿＿＿＿＿＿＿。
3. 刀工处理时，鱼的处理标准是什么？＿＿＿＿＿＿＿＿＿＿＿＿＿＿＿＿＿＿。
4. 烹调此菜选用什么烹调技法成菜？＿＿＿＿＿＿＿＿＿＿＿＿＿＿＿＿＿＿＿。
5. 烹调过程需要注意什么？＿＿＿＿＿＿＿＿＿＿＿＿＿＿＿＿＿＿＿＿＿＿＿。

 任务实施

一、主辅原料及调料准备

主辅料：野生鲤鱼1条约750 g（见图1-14-2）；西红柿1个约120 g，生姜25 g，蒜粒35 g，香菜35 g，生粉80 g（见图1-14-3）。

调味料：富川糟辣椒酱100 g，精盐5 g，鸡精3 g，味精1.5 g，生抽7 mL，白糖10 g（见图1-14-4）。

图1-14-2　主料　　　　图1-14-3　辅料

二、生产制作流程识读

宰杀鲤鱼→刀工处理→腌制→炸制→调制酱汁→烧制→出锅装盘。

三、生产制作注意事项识读

1. 鱼除了选用鲤鱼外，其他的鱼类也可以选用，但以野生淡水鱼为佳。
2. 在刀工处理时，可以根据菜品设计的需要用整条鱼或者剁块后使用。
3. 烧制过程应适当晃动锅具，防止鱼肉粘锅后造成鱼肉破碎，影响成菜的美观。

图1-14-4　调味料

四、依据步骤进行生产制作

步骤1：鲤鱼宰杀洗净后在鱼背脊上肉较好的区域剞上一字花刀（见图1-14-5）；西红柿切成小丁，姜蒜分别切成姜蒜米，香菜切段（见图1-14-6）备用。

图1-14-5　剞上一字花刀

图1-14-6　辅料刀工成品

步骤2：将处理好的鲤鱼用料酒、姜片、盐、腌制约5分钟后拍上少许生粉（见图1-14-7），静置备用。

步骤3：锅烧热后，加入约1.5L食用油烧至七成热时，放入腌制好的鲤鱼炸制（见图1-14-8），待鱼外表微黄后捞出备用。

图1-14-7　拍生粉

图1-14-8　炸制

步骤4：锅洗净放在炉灶上加热后，加入适量的油，下姜蒜米炒香后加入富川糟辣椒酱、西红柿丁炒制（见图1-14-9），至香味浓郁时从锅边加入料酒，然后加入汤水，用精盐、鸡精、味精、白糖、生抽调味。

步骤5：放入炸好的鲤鱼，烧制约5分钟后翻面，待汤汁量约为原来的三分之一时将鱼捞出装碟，然后用少许水淀粉勾芡淋在鱼身上（见图1-14-10），最后撒上香菜即成。

图1-14-9　炒制酱料

图1-14-10　出锅装盘

项目二 桂西风味菜

学习目标

素质目标：

1. 树立终身学习意识，践行"学习永远在路上"的理念。
2. 树立中华民族饮食文化的自豪感和自尊心。
3. 养成尊师重道、刻苦钻研、勤俭节约的品德。
4. 拥有坚定的理想信念与虚心向学及精益求精的工匠精神。
5. 养成终身学习、善思考、善观察和勤学好问的优良习惯。

知识目标：

1. 了解桂西风味所含区域及各区域的风味特色。
2. 了解桂西风味各代表性菜肴的影响力。
3. 熟悉桂西风味各代表性菜肴的质量标准及传承情况。
4. 掌握桂西风味各代表性菜肴生产制作注意事项。
5. 掌握桂西风味各代表性菜肴原料选用与调味用料构成。

能力目标：

1. 能合理地对小组成员的实训角色进行恰当的分工，并能做好组织、统筹、监督、检查的工作。
2. 能较好运用鲜活原料初加工技术、刀工技术，依据任务实施相关要求做好桂西风味各代表性菜肴的准备工作。
3. 能够制作桂西风味各代表性菜肴，且工艺流程、制作步骤、成菜质量等符合相关标准。
4. 通过对相关知识的学习与桂西风味各代表性菜肴的深入实训，结合餐饮行业的发展方向及市场需求，能进行创新、开发适销对路的新桂西菜。

桂西风味菜导读

桂西风味指的是河池、百色与崇左等地的菜品。

一、河池地区及菜肴情况

河池，简称"河"，地处广西北部、云贵高原南麓，距离"山水甲天下"的桂林市314千米，境内地形多样，结构复杂，地势西北高东南低。地处低纬，属亚热带季风气候。其是西南出海大通道的咽喉要塞，是"南贵昆经济区""泛珠三角经济圈"和"东盟自由贸易区"，人流、物流、资金流、信息流聚集交汇的枢纽。2018年12月13日，河池入选中国特色农产品优势区名单。2019年1月25日，入选2018年度全国"平安农机"示范市。河池市总面积3.35万平方千米，辖2个区和9个县，代管2个自治县。根据第七次人口普查数据，截至2020年11月1日0时，河池市常住人口为341.794 5万人。

河池是一座少数民族气息浓郁的城市，这里有世间罕见的绝美自然景观，更有多种别具一格的民间美食。这座低调的城市，蕴藏着太多本土特色风味。河池的粉，种类丰富，味道绝佳，在广西各市的粉类美食中堪称一绝。猪血肠（见图2-0-1）是用糯米和猪血灌入猪大肠里制作而成的，口感软糯，吃起来既有糯米的清香，又有猪血的鲜味，让人百吃不厌。河池的油包肝采用非遗工艺，将猪网油与猪肝完美融合在一起。吃起来鲜而不俗、肥而不腻。环江香牛扣是毛南族的特色传统佳肴，是广西的十大经典名菜之一。粉蒸肉味道香醇厚重，口感酥烂，肥而不腻，别是一番风味，是当地十分受欢迎的一道传统名菜。巴马香猪是巴马的特产，经过腌制、晾干、炭火烘干等多道工序制作完成，肉质紧实，口感鲜美，腊味十足。河池代表性菜肴有豆腐肴、鸭把、油包肝、环江香牛扣、笋干焖巴马香猪肉、粉蒸肉等。

图2-0-1 猪血肠

二、百色地区及菜肴情况

百色，别称"鹅城"，是全国生态型铝产业示范基地，是"中国优秀旅游城市""全国双拥模范城""国家园林城市""国家卫生城市"和"国家森林城市"。地形为南北高中间低，地势走向由西北向东南倾斜，属亚热带季风气候。2022年3月，百色市入选2022—2024年广西区域消费中心城市培育建设试点城市。百色市总面积3.63万平方千米，共辖12个县、市、区。根据第七次人口普查数据，截至2020年11月1日0时，百色市常住人口为357.150 5万人。

百色的饮食文化受到多种因素的影响，形成了独树一帜的百色风味。当地的美食数不胜数，每一样都让人深深赞叹。百色风味具有口味厚重、制作精细的特点，不但博采川、粤、湘等菜系之长，还兼具壮族、瑶族等少数民族风味，具有鲜明的地方特色，民族风情浓郁，饮食风味独特。当地的壮乡三夹是用猪小肠、葱头、糯米、薄荷叶等制作而成的，煮熟后蘸上酱料食用，味道绝美让人称赞。羊瘪汤（见图2-0-2）选料独特，用羊肚子未消化完全的草料与羊杂一起熬制而成，汤汁浓郁，味道独特，吃起来苦中带酸、菜肴久有回甘，是一道融合了少数民族特点的佳肴。百色代表性菜肴有芒叶田七鸡、栗香猪手、牛肉炸弹、十里荷香鸡、靖西腊鸭煲等。

图2-0-2　羊瘪汤

三、崇左地区及菜肴情况

崇左是中国通往东盟最便捷的陆路大通道，是中越"两廊一圈"和南宁—新加坡经济走廊的重要节点城市、广西北部湾经济区城市之一，设有国家一类口岸5个、二类口岸2个、边民互市点14个，是中国边境口岸最多的城市。崇左市总面积1.73万平方千米，辖1个区和5个县，代管凭祥市。根据第七次人口普查数据，截至2020年11月1日0时，崇左市常住人口为208.869 2万人。

千年骆越文化和边疆壮乡风情相结合，形成了极为独特的饮食文化，新时代的崇左人勤劳奋进、开拓创新，结合本地产业研发出极具特色的迎宾宴席，敞开胸怀欢迎四方宾客。这里有着丰富的物产，汇集了28个民族，饮食文化自然是丰富多彩。这里的特色食材——天椒、八角、蔗糖都很出名。崇左与越南接壤，长久以来，居住在边境线上的两国人民相互来往，造就了独特的边境饮食文化。酸粥（见图2-0-3）是崇左壮族传统食品佐料，壮族人的创造。它代表崇左的城市味道，展现了崇左人的烹调智慧，

图2-0-3　酸粥

更诠释了壮族之城——崇左的饮食文化内涵。崇左五色饭十分有名，因制成的糯米饭呈五色，即白色、黄色、黑色、红色、紫色五种颜色而得名，是吉祥如意、五谷丰登的象征。每逢清明节、农历三月三等民间传统节日，壮族群众家家户户用五色糯米饭扫墓祭祖、拜神，表示当年风调雨顺、五谷丰登、六畜兴旺、万事如意、老幼平安。崇左代表性菜肴有酸粥猪肚、散扣、凭祥春卷、大新粉蒸肉、把荷鱼丸、酸甜马巴等。

任务1 豆腐肴

任务1 豆腐肴

任务目标

1. 搜集豆腐肴的历史文化及风味特色等信息，并能恰当选用合格的用料。
2. 掌握豆腐肴生产制作步骤、成品质量标准和安全操作注意事项。
3. 能依据任务实施说明做好各项准备，独立完成豆腐肴菜肴的生产制作。
4. 能遵守厨房"6S"或"4D"管理规定，团结协作，进行文明操作，确保卫生安全、形象优良、品质满意、损耗降低、效率提升。

任务描述

依据图 2-1-1 所示"豆腐肴菜肴成品图"，独立生产制作一份符合标准的菜肴。具体要求如下：

1. 生产制作前认真研读并熟记豆腐肴标准菜谱中所列的用料、制作流程、注意事项、制作过程等内容，观看豆腐肴菜肴制作过程图片与操作视频，完成任务分析相关问题。

2. 用恪尽职守、责重如山的职业精神，专心致志、博大精深的专业精神，精益求精、追求卓越的工匠精神，在实训指导老师的监护下，用 90 分钟时间在标准化厨房中进行用料准备与生产制作。

图 2-1-1 豆腐肴菜肴成品图

任务分析

豆腐肴具有豆香味浓郁、形态浓稠、口味咸鲜的特点，是河池宜州家喻户晓的特色美食。当你走进河池，无论去到哪个乡哪个村，尤其是到远离圩市的峒场人家做客，热情好客的山里壮家人，都会有粥有酒招待你。满桌丰盛的菜肴中，必定有这道具有浓郁地方特色的豆腐肴。说是豆腐肴，其实和豆腐一点关系都没有，成分只有青菜（一般可用芥菜、苦荬菜、南瓜苗）、黄豆粉、盐、清水等。为完成豆腐肴菜肴的生产制作任务，传承豆腐肴制作技艺，学员不仅要按照"任务描述"中的相关要求做好相关准备，还应认真分析、高质量完成此菜肴生产制作所涉及的几个核心问题。

1. 豆腐肴的主料是豆腐吗？＿＿＿＿＿＿＿＿＿＿＿＿＿＿＿＿＿＿＿＿＿＿。
2. 磨制豆粉的原料是生黄豆还是熟黄豆？＿＿＿＿＿＿＿＿＿＿＿＿＿＿＿＿。
3. 制作豆腐肴的青菜可以根据季节变化而变化吗？＿＿＿＿＿＿＿＿＿＿＿＿。
4. 煮制豆腐肴的过程中需要注意什么？＿＿＿＿＿＿＿＿＿＿＿＿＿＿＿＿。
5. 制作此菜的调味料有哪些？＿＿＿＿＿＿＿＿＿＿＿＿＿＿＿＿＿＿＿＿。

任务实施

一、主辅原料及调料准备

主辅料：芥菜 200 g，黄豆粉 200 g（见图 2-1-2）；香菜 30 g，西红柿 1 个，香葱 20 g，小米椒 2 个（见图 2-1-3）。

调味料：精盐 5 g，香葱 20 g，酸水 60 mL，米醋 5 mL，鸡精 2 g（见图 2-1-4）。

图 2-1-2　主料

图 2-1-3　辅料

二、生产制作流程识读

刀工处理→兑调味汁→煮制→调味→出锅装盘。

三、生产制作注意事项识读

1. 黄豆粉宜选用生黄豆粉，也可以选用优质的黄豆自行用料理机或石磨磨成粉。
2. 进锅后需要不断搅拌，防止粘锅，变苦变黑，直到装盘仍然继续搅动。
3. 青菜的选择根据时令及用餐者的口味可以变化。
4. 由于黄豆粉容易粘锅，因此在烹调过程中需要控制好火力，并不停地搅拌。

图 2-1-4　调味料

四、依据步骤进行生产制作

步骤1：将芥菜放入清水中清洗干净后切碎（见图2-1-5），西红柿去瓤后切小丁（见图2-1-6），香菜切碎，小辣椒切辣椒圈，香葱切成葱花，分别装盘备用。

图2-1-5　切制芥菜

图2-1-6　切制西红柿丁

步骤2：将芥菜碎、西红柿丁、小辣椒圈、黄豆粉等主辅原料放入盆中，加入适量的清水，后用勺子顺一个方向搅拌（见图2-1-7），拌匀备用。

步骤3：将调好的糊放入锅中，中火煮制（见图2-1-8），煮制过程中需要不断搅拌，以防粘锅，煮至沸腾后加入酸水。

图2-1-7　混合原料

图2-1-8　煮制

步骤4：加入酸水后继续煮约5分钟，待汤汁变浓稠后把切碎的香菜加入锅中（见图2-1-9），继续不停地搅动，使之混合均匀。

步骤5：继续煮约2分钟后加入葱花及米醋，最后放盐和鸡精，继续搅拌均匀，盖上锅盖，关火静置约5分钟后盛出（见图2-1-10），趁热上桌即可。

图2-1-9　加入香菜

图2-1-10　出锅装盘

任务2 鸭把

任务2 鸭把

任务目标

1. 搜集鸭把的历史文化及风味特色等信息,并能恰当选用合格的用料。
2. 掌握鸭把生产制作步骤、成品质量标准和安全操作注意事项。
3. 能依据任务实施说明做好各项准备,独立完成鸭把菜肴的生产制作。
4. 能遵守厨房"6S"或"4D"管理规定,团结协作,进行文明操作,确保卫生安全、形象优良、品质满意、损耗降低、效率提升。

任务描述

依据图2-2-1所示"鸭把菜肴成品图",独立生产制作一份符合标准的菜肴。具体要求如下:

1. 生产制作前认真研读并熟记鸭把标准菜谱中所列的用料、制作流程、注意事项、制作过程等内容,观看鸭把菜肴制作过程图片与操作视频,完成任务分析相关问题。

2. 用恪尽职守、责重如山的职业精神,专心致志、博大精深的专业精神,精益求精、追求卓越的工匠精神,在实训指导老师的监护下,用90分钟时间在标准化厨房中进行用料准备与生产制作。

图2-2-1 鸭把菜肴成品图

任务分析

鸭把具有形态特色鲜明、口味清新、味道层次丰富、口味酸辣可口的特点,属于河池壮乡特色菜。此菜一般在农历六、七月做,因为这个时候恰逢六月六、七月初七、七月十四等重要的民间传统节日,每到这个时候,壮乡家家户户都要宰杀鸭子来祭拜先祖。而这个时候也是鸭仔香(当地一种可食的香料植物)长得最鲜美的时候,当地壮族群众家家户户都喜欢做鸭把吃,这一习俗沿袭久远。为完成鸭把菜肴的生产制作任务,传承鸭把制作技艺,学员不仅要按照"任务描述"中的相关要求做好相关准备，还应认真分析、高质量完成此菜肴生产制作所涉及的几个核心问题。

1. 为什么称为鸭把？ _____。
2. 鸭把的主要食材是鸭身上哪个部位的原料？ _____。
3. 煮肉类原料时需要注意什么？ _____。
4. 进行刀工处理及捆扎过程中需要注意什么？ _____。
5. 调制酱汁时需要注意什么？ _____。

任务实施

一、主辅原料及调料准备

主辅料：鸭肠 180 g，鸭胗 2 个约 200 g，鸭肝 2 个约 150 g，五花肉 200 g（见图 2-2-2）；黄瓜 200 g，鸭仔香 80 g，紫苏叶 50 g，韭菜 100 g，生姜片 15 g，香葱段 25 g（见图 2-2-3）。

调味料：嫩鲜姜 20 g，小米辣椒 2 个，香菜 20 g，醋血 80 g，蒜米 4 个，老酸水 40 mL，白醋 5 mL，精盐 4 g，料酒 20 mL（见图 2-2-4）。

图 2-2-2　主料

图 2-2-3　辅料

二、生产制作流程识读

初步熟处理→刀工处理→捆扎→调鸭酱→搭配成菜。

三、生产制作注意事项识读

1. 本菜属于凉菜，在加工过程中应按照凉菜制作的食品安全标准进行加工。
2. 除黄瓜外还可选雪梨、血糯米粑等。
3. 捆扎的韭菜也可以选用香葱叶。
4. 鸭酱又分为生鸭酱和熟鸭酱，生鸭酱保留了原始的吃法，熟鸭酱主要为了安全卫生。

图 2-2-4　调味料

四、依据步骤进行生产制作

步骤1：将鸭胗、鸭肝、五花肉洗净后放进冷水锅中，加姜片、香葱、料酒（见图2-2-5），煮至熟透后捞出，放在干净的盛器中晾凉备用；鸭肠放进煮肉的原汁中稍微煮至刚熟即可捞出（见图2-2-6）；韭菜放进锅中焯水至刚熟捞出放凉备用。

图2-2-5　煮制主料

图2-2-6　烫制鸭肠

步骤2：将煮熟的鸭肠、鸭胗、鸭肝、五花肉在熟食砧板上分别切成条状（见图2-2-7），黄瓜切成与肉类大小基本一致的条；鸭仔香（罗勒）60 g摘成4 cm左右的段，剩余20 g切碎；嫩鲜姜、小米辣椒、香菜、蒜米分别剁碎。

步骤3：每样肉各取1条同2段鸭仔香（罗勒）、1张紫苏叶、1条黄瓜条用韭菜叶捆绑成小把（见图2-2-8），运用相同的方法捆扎完成。

图2-2-7　刀工成品

图2-2-8　捆扎

步骤4：将醋血运用旺火隔水蒸（见图2-2-9），蒸制5～6分钟后取出放凉。将晾凉的醋血与嫩鲜姜碎、小米辣椒碎、鸭仔香碎、香菜碎、蒜蓉、老酸水、白醋、食盐等调料拌匀成鸭酱（见图2-2-10）。

步骤5：将捆绑好的鸭把放在盛器中，搭配好鸭酱即可上桌。

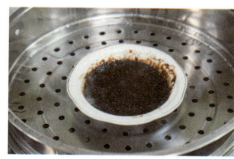

图2-2-9　蒸制醋血

图2-2-10　调制鸭酱

任务3 油包肝

任务3 油包肝

任务目标

1. 搜集油包肝的风味特色及民间影响力等信息，并能恰当选用合格的用料。
2. 掌握油包肝生产制作步骤、成品质量标准和安全操作注意事项。
3. 能依据任务实施说明做好各项准备，独立完成油包肝菜肴的生产制作。
4. 能遵守厨房"6S"或"4D"管理规定，团结协作，进行文明操作，确保卫生安全、形象优良、品质满意、损耗降低、效率提升。

任务描述

依据图2-3-1所示"油包肝菜肴成品图"，独立生产制作1份符合标准的菜肴。具体要求如下：

1. 生产制作前认真研读并熟记油包肝标准菜谱中所列的用料、制作流程、注意事项、制作过程等内容，观看油包肝菜肴制作过程图片与操作视频，完成任务分析相关问题。
2. 用恪尽职守、责重如山的职业精神，专心致志、博大精深的专业精神，精益求精、追求卓越的工匠精神，在实训指导老师的监护下，用90分钟时间在标准化厨房中进行用料准备与生产制作。

图2-3-1 油包肝菜肴成品图

任务分析

油包肝具有色泽明亮鲜黄、爽口滑嫩、味道鲜美、稍肥而不腻的特点，是河池巴马瑶族自治县的特色小菜，备受当地人的喜爱。巴马被誉为"世界长寿之乡""中国人瑞圣地"，物产丰富，有珍珠黄玉米、油茶、火麻、复活草、油鱼、黑山羊、麻鸡、银鱼、香猪等名优特产。此菜含丰富的营养物质，是理想的补血佳品，具有补肝明目、养血、营养保健等作用。为完成油包肝菜肴的生产制作任务，传承油包肝制作技艺，学员不仅要按照"任务描述"中的相关要求做好相关准备，还应认真分析、高质量完成此菜肴生产制作所涉及的几个核心问题。

1. 包肝的油应选用什么油？＿＿＿＿＿＿＿＿＿＿＿＿＿＿＿＿＿＿＿＿＿＿＿＿。
2. 刀工处理时，猪肝应切成什么形状？＿＿＿＿＿＿＿＿＿＿＿＿＿＿＿＿＿＿。
3. 包制过程可以采取什么措施防止松散？＿＿＿＿＿＿＿＿＿＿＿＿＿＿＿＿＿。
4. 烹调过程需要注意什么？＿＿＿＿＿＿＿＿＿＿＿＿＿＿＿＿＿＿＿＿＿＿＿。
5. 成菜后需要尽快送给客人食用吗？＿＿＿＿＿＿＿＿＿＿＿＿＿＿＿＿＿＿＿。

任务实施

一、主辅原料及调料准备

主辅料：猪肝 250 g，网油 150 g（见图 2-3-2）；大蒜苗 3 根，蒜粒 20 g，生姜 20 g，淀粉 18 g（见图 2-3-3）。

调味料：五香粉 1 g，蚝油 15 g，生抽 10 mL，精盐 2 g，鸡精 1.5 g，料酒 15 mL（见图 2-3-4）。

图 2-3-2 主料

图 2-3-3 辅料

二、生产制作流程识读

刀工处理→腌制猪肝→包肝→蒜叶焯水→捆扎油包肝→油包肝焯水→炒制→出锅装盘。

三、生产制作注意事项识读

1. 猪肝、猪网油宜选用新鲜度高的优质土猪为原料。
2. 捆扎好的油包肝可以根据食用者的需要，采用煎制、蒸制、炒制、烧烤等技法加工成菜。
3. 调味时根据地区饮食习惯可以适当添加辣椒、紫苏、假蒌、薄荷、香茅、香菜等特殊香味的辅料。

图 2-3-4 调味料

四、依据步骤进行生产制作

步骤1：先将猪肝切成厚片（见图2-3-5）；大蒜苗茎部切成斜刀段状，留蒜叶备用；生姜和蒜粒均切成指甲片（见图2-3-6），放入碗中备用。

图2-3-5　切制猪肝

图2-3-6　姜蒜刀工成品

步骤2：将切好的猪肝用盐、料酒、生抽、胡椒粉抓拌均匀（见图2-3-7），再放入生粉抓匀。

步骤3：将蒜叶放入沸水锅中煮至蔫即可捞出；取一块网油铺在板上，将腌制好的猪肝放到网油上卷好，用蒜叶捆扎好（见图2-3-8），依次将所有的肝块用网油包好。

图2-3-7　腌制猪肝

图2-3-8　捆扎成品

步骤4：洗净炒锅，放入适量的水，将油包肝放入锅中，加入少许盐和料酒，煮约1分钟后将油包肝捞出（见图2-3-9），沥干水备用。

步骤5：将锅洗净加热放入少量油、盐、姜片、蒜片稍微炒后，将油包肝倒入锅内，加料酒，小心翻炒至网油有少量油流出、稍呈淡黄色，加入五香粉、蚝油和生抽，再炒约1分钟，加鸡精及大蒜茎稍炒后勾芡，捞匀，即可出锅装盘（见图2-3-10），趁热上桌即可。

图2-3-9　焯水后成品

图2-3-10　装盘

任务4 环江香牛扣

任务4 环江香牛扣

任务目标

1. 搜集环江香牛扣的风味特点及用料特色等信息，并能恰当选用合格的用料。
2. 掌握环江香牛扣生产制作步骤、成品质量标准和安全操作注意事项。
3. 能依据任务实施说明做好各项准备，独立完成环江香牛扣菜肴的生产制作。
4. 能遵守厨房"6S"或"4D"管理规定，团结协作，进行文明操作，确保卫生安全、形象优良、品质满意、损耗降低、效率提升。

任务描述

依据图2-4-1所示"环江香牛扣菜肴成品图"，独立生产制作一份符合标准的菜肴。具体要求如下：

1. 生产制作前认真研读并熟记环江香牛扣标准菜谱中所列的用料、制作流程、注意事项、制作过程等内容，观看环江香牛扣菜肴制作过程图片与操作视频，完成任务分析相关问题。

2. 用恪尽职守、责重如山的职业精神，专心致志、博大精深的专业精神，精益求精、追求卓越的工匠精神，在实训指导老师的监护下，用90分钟时间在标准化厨房中进行用料准备与生产制作。

图2-4-1　环江香牛扣菜肴成品图

任务分析

环江香牛扣具有色泽红润油亮、软糯弹牙、鲜甜软烂的特点，是《中国菜——中华人民共和国省籍地域经典名菜名筵录》中所列的广西十大经典名菜之一，也是河池环江毛南族自治县特色名菜。本道菜的最大特点是使用了当地的特色食材——环江香牛。环江香牛也叫"下南菜牛"，是毛南族群众用传统的方法对本地黄牛进行育肥而成的，曾获国家地理标识证明商标。为完环江香牛扣菜肴的生产制作任务，传承环江香牛扣制作技艺，学员不仅要按照

"任务描述"中的相关要求做好相关准备,还应认真分析、高质量完成此菜肴制作所涉及的几个核心问题。

1. 环江香牛扣跟荔浦芋扣肉有什么区别？_____。
2. 应选带皮牛肉还是去皮牛肉？_____。
3. 环江香牛属于菜用牛还是役用牛？_____。
4. 刀工处理时,牛肉的厚度应为多少？_____。
5. 此菜宜采用什么样的器皿盛装？_____。

任务实施

一、主辅原料及调料准备

主辅料：带皮牛腩 750 g（见图 2-4-2）；西蓝花 200 g, 白萝卜片 100 g, 生姜片 15 g, 生姜末 10 g, 香葱末 10 g, 香葱段 15 g, 蒜末 15 g（见图 2-4-3）。

调味料：干沙姜 4 粒, 八角 2 个, 当归 3 g, 香叶 1 g, 桂皮 5 g, 草果 1 个, 干黄皮 4 g, 食盐 2 g, 腐乳 1 块, 生抽 6 mL, 老抽 2 mL, 蚝油 15 g, 胡椒粉 1 g, 五香粉 1 g, 皮水 20 mL（见图 2-4-4）。

图 2-4-2　主料

图 2-4-3　辅料

二、生产制作流程识读

刀工处理→煮牛腩→扎孔抹糖水→炸制上色→改刀装入蒸碗→蒸制→扣出装盘。

三、生产制作注意事项识读

1. 制作此菜应选用新鲜的环江香牛的带皮牛腩,以色泽浅红、有光泽、有弹性为好。
2. 采用冷水下锅焯水,便于除去血水和腥膻味；蒸制时间根据肉质的老嫩进行调整,以口感酥烂为准。

图 2-4-4　调味料

四、依据步骤进行生产制作

步骤1：将带皮牛腩放入冷水锅中，放入姜片、白萝卜片、香葱段、沙姜、八角、当归、香叶、桂皮、草果、干黄皮等（见图2-4-5），煮至牛腩熟透捞出（见图2-4-6）备用。

图 2-4-5　焯水

图 2-4-6　捞出晾凉

步骤2：将煮好的带皮牛腩趁热用扣肉针在皮上扎（见图2-4-7），再涂上适量的皮水。

步骤3：锅中倒入适量油，待油温升到六成热时，将刷好皮水的带皮牛腩放进去，炸成金黄色后捞出（见图2-4-8），放凉水中浸泡1小时左右。

图 2-4-7　扎孔

图 2-4-8　炸制

步骤4：把浸泡好的带皮牛腩，切成1 cm左右厚的肉片（见图2-4-9）；用食盐、腐乳、姜茸、葱末、蒜蓉、生抽、老抽、蚝油、胡椒粉、五香粉等调成料汁待用。

步骤5：将牛腩皮朝下，依次码入扣碗中，淋上调好的味汁，放入蒸锅中蒸1小时左右，取出后，将碗中的汤汁滗出，扣入碟中，在周围摆上焯水至熟的西蓝花（见图2-4-10），原汤倒入锅中勾芡，浇在菜肴上，趁热上桌即可。

图 2-4-9　切块

图 2-4-10　摆盘

任务5 笋干焖巴马香猪肉

任务5 笋干焖巴马香猪肉

任务目标

1. 搜集笋干焖巴马香猪肉的原料特点及风味特点等信息，并能恰当选用合格的用料。
2. 掌握笋干焖巴马香猪肉生产制作步骤、成品质量标准和安全操作注意事项。
3. 能依据任务实施说明做好各项准备，独立完成笋干焖巴马香猪肉菜肴的生产制作。
4. 能遵守厨房"6S"或"4D"管理规定，团结协作，进行文明操作，确保卫生安全、形象优良、品质满意、损耗降低、效率提升。

任务描述

依据图 2-5-1 所示"笋干焖巴马香猪肉菜肴成品图"，独立生产制作一份符合标准的菜肴。具体要求如下：

1. 生产制作前认真研读并熟记笋干焖巴马香猪肉标准菜谱中所列的用料、制作流程、注意事项、制作过程等内容，观看笋干焖巴马香猪肉菜肴制作过程图片与操作视频，完成任务分析相关问题。

2. 用恪尽职守、责重如山的职业精神，专心致志、博大精深的专业精神，精益求精、追求卓越的工匠精神，在实训指导老师的监护下，用90分钟时间在标准化厨房中进行用料准备与生产制作。

图 2-5-1 笋干焖巴马香猪肉菜肴成品图

任务分析

笋干焖巴马香猪肉具有肉质软嫩、香而不腻、酥烂入味的特点，是河池地区代表性名菜之一，此菜的最大亮点是使用了当地特色巴马香猪肉。巴马香猪传说是野猪驯化而成，因其骨细皮酥，肉质细嫩，味美甘香，胜似山珍野味，因食之甚感鲜香，遂传名为"香猪"。巴马香猪烹调时不添加任何佐料也香气扑鼻，素有"一家煮肉四邻香，七里之遥闻其味"之美誉，被称为猪类的"名门贵族"。为完成笋干焖巴马香猪肉菜肴的生产制作任务，传承笋干焖巴马香猪肉制作技艺，学员不仅要按照"任务描述"中的相关要求做好相关准备，还应认真分析、高质量完成此菜肴生产制作所涉及的几个核心问题。

1. 正式烹调前笋干需要怎么处理？＿＿＿＿＿＿＿＿＿＿＿＿＿＿＿＿＿＿＿＿＿＿。
2. 此菜主要选用的是香猪哪个部位的肉？＿＿＿＿＿＿＿＿＿＿＿＿＿＿＿＿＿＿。
3. 刀工处理时，各用料的规格标准是什么？＿＿＿＿＿＿＿＿＿＿＿＿＿＿＿＿＿。
4. 烹调此菜主要使用什么烹调技法？＿＿＿＿＿＿＿＿＿＿＿＿＿＿＿＿＿＿＿。
5. 调味时需要注意什么？＿＿＿＿＿＿＿＿＿＿＿＿＿＿＿＿＿＿＿＿＿＿＿＿。

任务实施

一、主辅原料及调料准备

主辅料：香猪肉 300 g（见图 2-5-2）；水发笋干 200 g，蒜粒 6 颗，生姜 20 g，泡红椒 50 g，青蒜 2 根（见图 2-5-3）。

调味料：海鲜酱 15 g、排骨酱 15 g、蚝油 10 g、生抽 5 mL、鸡精 2 g、味精 1 g（见图 2-5-4）。

图 2-5-2 主料

图 2-5-3 辅料

二、生产制作流程识读

刀工处理→煸炒香猪肉→调味→焖制→收汁→出锅装盘。

三、生产制作注意事项识读

1. 涨发笋干可用温水浸泡 1~2 天，再放入锅中煮约 2 小时，然后再用水浸泡 2~3 天。在水发期间，应每天换水一次，以保持水清，防止发酸，并使其发足发透。

图 2-5-4 调味料

2. 煸炒香猪肉时火力不宜太大，以中火为宜，煸炒过程中应不断翻动，防止受热不均造成质量不佳。

3. 焖制过程中需注意观察锅中汤汁量的变化，防止汤汁过度蒸发导致味道不佳。

四、依据步骤进行生产制作

步骤1：将巴马香猪肉洗净后放在砧板上切成2cm见方的小块（见图2-5-5），水发笋干切成小块，蒜粒、生姜切成小丁，泡红椒切成寸段（见图2-5-6），青蒜切成4cm长的段。

图2-5-5 香猪肉切块

图2-5-6 泡红椒切段

步骤2：将锅烧热，然后放入少许油，放入切好的香猪肉块，中火煸炒肉块。在炒制过程中，用锅铲不断翻炒，炒制肉块微黄（见图2-5-7）。

步骤3：待肉块微黄时往锅中加入蒜丁、姜丁、红泡椒段，继续煸炒出香味后，加入海鲜酱、排骨酱、蚝油、生抽、鸡精、味精等（见图2-5-8），翻炒约1分钟后加入料酒及鲜汤。

图2-5-7 煸炒猪肉

图2-5-8 调味

步骤4：待汤水沸腾后，加入笋干，使用中火焖制（见图2-5-9），焖制约20分钟，期间每隔5分钟左右翻动一次，焖至肉软糯，汤汁浓稠。

步骤5：在焖制好的肉块中加入蒜茎炒制，待蒜茎熟透后加入蒜叶，翻炒至蒜叶熟透后即可出锅装盘（见图2-5-10）。

图2-5-9 焖制

图2-5-10 出锅装盘

任务6 芒叶田七鸡

任务6 芒叶田七鸡

任务目标

1. 搜集芒叶田七鸡的风味特色等信息，并能恰当选用合格的用料。
2. 掌握芒叶田七鸡生产制作步骤、成品质量标准和安全操作注意事项。
3. 能依据任务实施说明做好各项准备，独立完成芒叶田七鸡菜肴的生产制作。
4. 能遵守厨房"6S"或"4D"管理规定，团结协作，进行文明操作，确保卫生安全、形象优良、品质满意、损耗降低、效率提升。

任务描述

依据图2-6-1所示"芒叶田七鸡菜肴成品图"，独立生产制作一份符合标准的菜肴。具体要求如下：

1. 生产制作前认真研读并熟记芒叶田七鸡标准菜谱中所列的用料、制作流程、注意事项、制作过程等内容，观看芒叶田七鸡菜肴制作过程图片与操作视频，完成任务分析相关问题。

2. 用恪尽职守、责重如山的职业精神，专心致志、博大精深的专业精神，精益求精、追求卓越的工匠精神，在实训指导老师的监护下，用90分钟时间在标准化厨房中进行用料准备与生产制作。

图2-6-1 芒叶田七鸡菜肴成品图

任务分析

芒叶田七鸡具有颜色碧绿、清香扑鼻、鸡肉鲜嫩的特点，是百色地区的特色美食之一。百色盛产芒果，又是我国田七的主要产地。人们将产自百色一带的三七称作"田七"，田州三七被当地人叫作"金不换"。聪明的当地人利用这些特色物产创制了此菜。此菜不但地方特色鲜明，而且营养价值极高。为完成芒叶田七鸡菜肴的生产制作任务，传承芒叶田七鸡制作技艺，学员不仅要按照"任务描述"中的相关要求做好相关准备，还应认真分析、高质量完成此菜肴生产制作所涉及的几个核心问题。

1. 进入厨房开展生产制作，对着装有何要求？＿＿＿＿＿＿＿＿＿＿＿＿＿＿＿。
2. 选料上有什么特别的要求？＿＿＿＿＿＿＿＿＿＿＿＿＿＿＿。
3. 刀工处理时，各用料的规格标准是什么？＿＿＿＿＿＿＿＿＿＿＿＿＿。
4. 调味方面上需要注意哪些？＿＿＿＿＿＿＿＿＿＿＿＿＿＿＿＿。
5. 蒸制时间控制在多长为宜？＿＿＿＿＿＿＿＿＿＿＿＿＿＿＿＿。

任务实施

一、主辅原料及调料准备

主辅料：光土鸡 1 只约 1 000 g（见图 2-6-2）；芒果叶 20 张，紫苏叶 15 g，葱白 25 g，生姜 25 g（见图 2-6-3）。

调味料：胡椒粉 2 g，田七粉 5 g，精盐 3 g，白糖 10 g，生抽 10 mL，料酒 15 mL，麻油 3 mL（见图 2-6-4）。

图 2-6-2　主料

图 2-6-3　辅料

二、生产制作流程识读

刀工处理→煮芒果叶→腌制→包制成品→蒸制→出锅装盘。

三、生产制作注意事项识读

1. 鸡以选用农家散养肥嫩的土鸡为佳。
2. 鸡肉要去骨处理的目的，是方便食用，剔出的鸡骨可以回收后用于熬制底汤。
3. 腌制时，各类调味料不宜过多，防止"抢味"。
4. 蒸的火力要猛，掌握时间要准，防止蒸过后鸡肉变老韧。

图 2-6-4　调味料

四、依据步骤进行生产制作

步骤1：锅中加入适量的清水，待水沸腾后，往锅中加入适量的食用油，放油是为保持颜色，然后把芒果叶放入锅中煮软（见图2-6-5），煮软即可关火，捞出来过一下冷水，然后放在砧板上，用刀改成长方形（见图2-6-6）备用。

图 2-6-5　煮芒果叶

图 2-6-6　芒果叶改刀

步骤2：把生姜、葱白、紫苏分别切成茸；将光鸡放在砧板上，采用整鸡去骨的方式将鸡的骨头去除（见图2-6-7），仅保留肉和皮，然后改刀为块状。

步骤3：将鸡肉放入盆中，加盐、胡椒粉、田七、白糖、生抽、麻油、料酒抓匀（见图2-6-8），腌制约10分钟入味。

图 2-6-7　去骨取肉

图 2-6-8　腌制

步骤4：使用烫软、洗干净的芒果叶，每2张包贴合在一起，然后放入腌制好的鸡块包裹起来（见图2-6-9），将所有的鸡块都分别包裹好，约包10个。

步骤5：将包好的芒果鸡放入蒸笼中，待蒸锅上大气时放入，大火蒸约16分钟至熟透，关火后出锅，装盘（见图2-6-10）即可。

图 2-6-9　包制成品

图 2-6-10　装盘

任务7 栗香猪手

任务7 栗香猪手

任务目标

1. 搜集栗香猪手的用料要求及风味特点等信息，并能恰当选用合格的用料。
2. 掌握栗香猪手生产制作步骤、成品质量标准和安全操作注意事项。
3. 能依据任务实施说明做好各项准备，独立完成栗香猪手菜肴的生产制作。
4. 能遵守厨房"6S"或"4D"管理规定，团结协作，进行文明操作，确保卫生安全、形象优良、品质满意、损耗降低、效率提升。

任务描述

依据图2-7-1所示"栗香猪手菜肴成品图"，独立生产制作一份符合标准的菜肴。具体要求如下：

1. 生产制作前认真研读并熟记栗香猪手标准菜谱中所列的用料、制作流程、注意事项、制作过程等内容，观看栗香猪手菜肴制作过程图片与操作视频，完成任务分析相关问题。

2. 用恪尽职守、责重如山的职业精神，专心致志、博大精深的专业精神，精益求精、追求卓越的工匠精神，在实训指导老师的监护下，用90分钟时间在标准化厨房中进行用料准备与生产制作。

图2-7-1 栗香猪手菜肴成品图

任务分析

栗香猪手具有色泽酱红、口感软糯、栗香味浓郁的特点，是河池市东兰县特色菜肴。东兰板栗果实形状为半椭圆形，脆，微甜，味清香，与其他地方的板栗相比，具有高糖分、高淀粉、低脂肪、蛋白适中等特点。东兰盛产板栗，东兰板栗既可熟食，也可生食。熟食粉酥、香甜宜人，生食清甜香脆，被人们誉为果中珍品。2017年1月10日，中华人民共和国农业部批准对"东兰板栗"实施国家农产品地理标识登记保护。为完成栗香猪手菜肴的生产制作任务，传承栗香猪手制作技艺，学员不仅要按照"任务描述"中的相关要求做好相关准备，还应认真分析、高质量完成此菜肴生产制作所涉及的几个核心问题。

1. 东兰板栗品质特点如何？_____。
2. 板栗和猪手可以同时进锅烧制吗？_____。
3. 砍猪手时应用什么刀？_____。
4. 焖制猪手需要多长时间才能达到质量要求？_____。
5. 此菜宜采用什么样的器皿盛装？_____。

任务实施

一、主辅原料及调料准备

主辅料：猪手 2 只约 1 000 g（见图 2-7-2）；去壳板栗 300 g，大葱段 2 节约 80 g，香葱 20 g，生姜 40 g，蒜粒 50 g（见图 2-7-3）。

调味料：料酒 15 mL，干辣椒 5 g，八角 4 个，桂皮 5 g，草果 2 个，沙姜 2 g，香叶 2 g，冰糖 30 g，生抽 5 mL，老抽 3 mL，精盐 2 g，白糖 5 g，鸡精 2 g，味精 1 g（见图 2-7-4）。

图 2-7-2　主料

图 2-7-3　辅料

二、生产制作流程识读

刀工处理→猪手焯水→炒糖色→高压锅压制→烧制（收汁）→出锅装盘。

三、生产制作注意事项识读

1. 猪手胶原蛋白含量高，收汁时比较容易粘锅，汤汁变浓稠要特别注意控制火力的大小，并适当晃动锅。

图 2-7-4　调味料

2. 炒糖色时需要注意火候变化，防止炒过头造成成品发苦，过生造成糖色不够深。
3. 制作此菜可以根据客人的口味进行适当调整，例如不喜欢辣味的可不放辣椒，喜欢甜味的糖量可适当增加。

四、依据步骤进行生产制作

步骤1：将猪手上的蹄壳敲掉、洗净，剁成块状（见图2-7-5）；生姜切片，香葱葱白部分切葱花（见图2-7-6），葱叶部分留作他用。

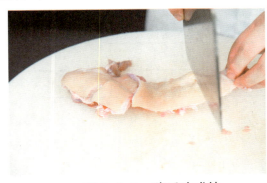

图2-7-5　猪手砍成块　　　　　　　图2-7-6　香葱切葱花

步骤2：锅里放清水，放入剁好的猪手、姜片、香葱、料酒等，逐渐加热升温，煮至猪手熟透后捞起（见图2-7-7），用清水清洗干净，沥干水分备用。

步骤3：锅洗净后加热，放入少许食用油，加入冰糖炒至棕红色后加入一大勺清水，待水沸腾糖块全部融化后倒出成糖色（见图2-7-8）。

图2-7-7　猪手炒水　　　　　　　图2-7-8　糖色成品

步骤4：锅洗净后再次加热，放入适量的油后下入猪手炒香，加入姜片、大葱段、蒜粒、干辣椒、八角、桂皮、草果、沙姜、香叶等翻炒后加入糖色，用生抽、老抽、盐调味调色（见图2-7-9），然后移入高压锅中压制约20分钟，捞出猪手，留下原汁。

步骤5：将猪手和原汁倒入炒锅中，放入板栗继续烧制，大约10分钟至板栗熟透软烂，用白糖、鸡精、味精调味，待汤汁浓稠即可出锅装盘（见图2-7-10），撒入少许葱花即可。

图2-7-9　烧制　　　　　　　图2-7-10　出锅装盘

任务8 牛肉炸弹

任务8 牛肉炸弹

任务目标

1. 搜集牛肉炸弹的风味特色及用料特色等信息,并能恰当选用合格的用料。
2. 掌握牛肉炸弹生产制作步骤、成品质量标准和安全操作注意事项。
3. 能依据任务实施说明做好各项准备,独立完成牛肉炸弹菜肴的生产制作。
4. 能遵守厨房"6S"或"4D"管理规定,团结协作,进行文明操作,确保卫生安全、形象优良、品质满意、损耗降低、效率提升。

任务描述

依据图 2-8-1 所示"牛肉炸弹菜肴成品图",独立生产制作一份符合标准的菜肴。具体要求如下:

1. 生产制作前认真研读并熟记牛肉炸弹标准菜谱中所列的用料、制作流程、注意事项、制作过程等内容,观看牛肉炸弹菜肴制作过程图片与操作视频,完成任务分析相关问题。

2. 用恪尽职守、责重如山的职业精神,专心致志、博大精深的专业精神,精益求精、追求卓越的工匠精神,在实训指导老师的监护下,用 90 分钟时间在标准化厨房中进行用料准备与生产制作。

图 2-8-1 牛肉炸弹菜肴成品图

任务分析

牛肉炸弹具有肉香嫩滑、鲜辣可口的特点,是百色地区的"明星"菜肴。此菜的魅力在于牛肉包裹着泡椒,当把牛肉炸弹放入口中的时候,一咬下去,会感到泡椒在口中像是爆炸一样,辣感从中间爆开到四面。这道菜的核心辅料就是野山泡椒,野山泡椒非常辣,类似于泡椒凤爪里的辣椒，又香又辣又好吃。此菜在百色可以炸制、可以煎制、可以涮制，也可以烧烤，本任务采用炸后炒的方式成菜。为完成牛肉炸弹菜肴的生产制作任务，传承牛肉炸弹制作技艺，学员不仅要按照"任务描述"中的相关要求做好相关准备，还应认真分析、高质量完成此菜肴生产制作所涉及的几个核心问题。

1. 为什么称为"牛肉炸弹"？＿＿＿＿＿＿＿＿＿＿＿＿＿＿＿＿＿＿＿＿＿＿。

2. 此菜用的泡椒是野山泡椒吗？＿＿＿＿＿＿＿＿＿＿＿＿＿＿＿＿＿＿＿。

3. 刀工处理牛肉时的规格标准是什么？＿＿＿＿＿＿＿＿＿＿＿＿＿＿＿＿。

4. 加工时采用什么技巧可以使牛肉和泡椒在烹调中不分离？＿＿＿＿＿＿＿＿＿＿＿＿＿。

5. 炸制此菜宜采用什么火力？＿＿＿＿＿＿＿＿＿＿＿＿＿＿＿＿＿＿＿。

任务实施

一、主辅原料及调料准备

主辅料：牛里脊肉 300 g（见图 2-8-2）；野山泡椒 100 g，香葱 25 g，生姜 15 g，淀粉 30 g（见图 2-8-3）。

调味料：料酒 15 mL，精盐 2 g，生抽 10 mL，蚝油 20 g，孜然粉 10 g，辣椒粉 12 g（见图 2-8-4）。

图 2-8-2　主料

图 2-8-3　辅料

二、生产制作流程识读

刀工处理→调制淀粉糊→腌制牛肉→卷制→炸制→炒制→出锅装盘。

三、生产制作注意事项识读

1. 牛肉切薄是为了更好入味，便于食用，保持较好的口感。

2. 炸制时应控制油温及炸制时间，避免出现干硬质感。

3. 因牛肉经过炸制处理已经成熟，所以在炒制时翻锅应快速，调味要准确。

图 2-8-4　调味料

四、依据步骤进行生产制作

步骤 1：牛肉切成 3 cm 宽、5 cm 长、0.3 cm 厚的片（见图 2-8-5），将野山泡椒的蒂摘除，香葱切成葱花（见图 2-8-6），生姜切成茸备用；淀粉用少许清水湿润，使之成黏稠状的淀粉糊备用。

图 2-8-5　牛肉切片　　　　　　　　图 2-8-6　香葱切葱花

步骤 2：将切好的牛肉放入盛器中，加入生姜茸、料酒、盐、生抽、蚝油等调味料（见图 2-8-7），抓拌至牛肉充分吸收所有调味料，并且呈现手感黏滑的状态，然后加入水淀粉拌匀，再加入少许食用油拌匀备用。

步骤 3：用腌制好的牛肉片将野山泡椒卷起，然后用牙签将其固定（见图 2-8-8），一片牛肉卷一颗野山泡椒，直到所有的牛肉卷完。

图 2-8-7　腌制牛肉　　　　　　　　图 2-8-8　卷制

步骤 4：锅烧热后加入约 1 L 食用油，烧至七成热时，将卷好的牛肉炸弹初坯入油锅中炸至外干香、里嫩滑捞起备用（见图 2-8-9）。

步骤 5：锅烧热后下底油，放入炸好的牛肉及孜然粉、辣椒粉、蚝油翻炒（见图 2-8-10），炒匀后撒入葱花稍炒即可装盘。

图 2-8-9　炸制牛肉　　　　　　　　图 2-8-10　炒制调味

项目二　桂西风味菜

任务9　十里荷香鸡

任务9　十里荷香鸡

任务目标

1. 搜集十里荷香鸡的原料特色及制作特色等信息，并能恰当选用合格的用料。
2. 掌握十里荷香鸡生产制作步骤、成品质量标准和安全操作注意事项。
3. 能依据任务实施说明做好各项准备，独立完成十里荷香鸡菜肴的生产制作。
4. 能遵守厨房"6S"或"4D"管理规定，团结协作，进行文明操作，确保卫生安全、形象优良、品质满意、损耗降低、效率提升。

任务描述

依据图2-9-1所示"十里荷香鸡菜肴成品图"，独立生产制作一份符合标准的菜肴。具体要求如下：

1. 生产制作前认真研读并熟记十里荷香鸡标准菜谱中所列的用料、制作流程、注意事项、制作过程等内容，观看十里荷香鸡菜肴制作过程图片与操作视频，完成任务分析相关问题。
2. 用恪尽职守、责重如山的职业精神，专心致志、博大精深的专业精神，精益求精、追求卓越的工匠精神，在实训指导老师的监护下，用90分钟时间在标准化厨房中进行用料准备与生产制作。

图2-9-1　十里荷香鸡菜肴成品图

任务分析

十里荷香鸡具有骨细皮爽、鲜咸滑嫩、色泽橘红亮丽、荷叶清香的特点，是广西百色市田东县的特色风味之一，因为它的香味持续久远，所以才得名为十里荷香鸡，这道菜需要用到田东十里莲塘荷叶。包上新鲜的鸡后，隐约有一股荷叶的清香，吃的时候不会感觉到油腻，只会越吃越香。2006年南宁东南亚国际旅游美食节上，十里荷香鸡荣获金奖，并获得"广西名菜"称号。为完成十里荷香鸡菜肴的生产制作任务，传承十里荷香鸡制作技艺，学员不仅要按照"任务描述"中的相关要求做好相关准备,还应认真分析、高质量完成此菜肴生产制作所涉及的几个核心问题。

1. 制作此菜宜采用鲜荷叶还是干荷叶?＿＿＿＿＿＿＿＿＿＿＿＿＿＿＿＿＿＿。

2. 此菜选用什么样的烹调方法成菜?＿＿＿＿＿＿＿＿＿＿＿＿＿＿＿＿＿＿。

3. 鸡是整只制熟还是砍成块后再制熟?＿＿＿＿＿＿＿＿＿＿＿＿＿＿＿＿＿。

4. 制熟的鸡如果需要刀工处理,对砧板和刀具有什么要求?＿＿＿＿＿＿＿＿＿＿＿＿＿＿＿＿。

5. 食用时需要配味汁吗?＿＿＿＿＿＿＿＿＿＿＿＿＿＿＿＿＿＿＿。

🚀 任务实施

一、主辅原料及调料准备

主辅料:光土鸡 1 只约 1 250 g(见图 2-9-2);水发香菇 150 g,干荷叶 2 张,生姜 30 g,香葱 35 g,香菜 2 棵,棉绳 2 m(见图 2-9-3)。

调味料:精盐 5 g,料酒 20 mL,生抽 15 mL,蚝油 20 g,五香粉 2 g(见图 2-9-4)。

图 2-9-2 主料

图 2-9-3 辅料

二、生产制作流程识读

刀工处理→腌制→封鸡开口处→包裹鸡→蒸制→剪成小块→装碟成菜。

三、生产制作注意事项识读

1. 用工具将鸡骨架拍松的目的是便于鸡肉在腌制时更好地入味。

2. 蒸制过程要一气呵成,避免出现中途"闪气",造成成品质量下降。

图 2-9-4 调味料

3. 蒸好的成品只需加工成小块即可食用,因此在操作过程中应高度注意用具及操作过程卫生,严格按照食品安全相关法规执行,避免造成食品安全事故。

四、依据步骤进行生产制作

步骤1：将鸡放在砧板上，用工具将其拍松骨架（见图2-9-5），然后用扣肉针将鸡腿及鸡胸等肉质较厚部分扎上孔备用；生姜切丝，香葱拍破，水发香菇切斜刀片（见图2-9-6）。

图2-9-5　拍松鸡骨架

图2-9-6　辅料刀工成品

步骤2：将鸡放入大盆中，放入精盐、香葱、姜丝、料酒、生抽、蚝油、五香粉等调味料，然后用手将腌料在鸡内外涂抹（见图2-9-7），抹匀后密封腌制5～8小时。

步骤3：把水发香菇及香葱、姜丝等塞进鸡的肚子里面，然后用专用钢针将鸡肚子开口处缝合密封（见图2-9-8）。

图2-9-7　腌制

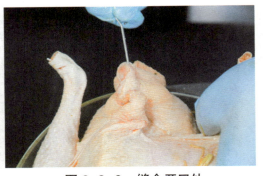

图2-9-8　缝合开口处

步骤4：将干荷叶放入温水中稍微浸泡回软后捞出，将其放在砧板上，在荷叶上涂上熟油，放入鸡，用荷叶把鸡包裹好后用棉绳捆好（见图2-9-9），以防止荷叶松散脱落。

步骤5：将包裹好的鸡放入蒸锅中，大火蒸约40分钟至鸡肉软烂；将鸡取出放在干净的器皿中，荷叶垫在盛器中，在熟食砧板上将鸡砍成小块（见图2-9-10），然后装在盛器中，点缀少许香菜，趁热上桌即成。

图2-9-9　捆扎鸡肉

图2-9-10　砍成小块后装盘

任务10 靖西腊鸭煲

任务10 靖西腊鸭煲

任务目标

1. 搜集靖西腊鸭煲的原料特色及制作特色等信息,并能恰当选用合格的用料。
2. 掌握靖西腊鸭煲生产制作步骤、成品质量标准和安全操作注意事项。
3. 能依据任务实施说明做好各项准备,独立完成靖西腊鸭煲菜肴的生产制作。
4. 能遵守厨房"6S"或"4D"管理规定,团结协作,进行文明操作,确保卫生安全、形象优良、品质满意、损耗降低、效率提升。

任务描述

依据图 2-10-1 所示"靖西腊鸭煲菜肴成品图",独立生产制作一份符合标准的菜肴。具体要求如下:

1. 生产制作前认真研读并熟记靖西腊鸭煲标准菜谱中所列的用料、制作流程、注意事项、制作过程等内容,观看靖西腊鸭煲菜肴制作过程图片与操作视频,完成任务分析相关问题。

2. 用恪尽职守、责重如山的职业精神,专心致志、博大精深的专业精神,精益求精、追求卓越的工匠精神,在实训指导老师的监护下,用 90 分钟时间在标准化厨房中进行用料准备与生产制作。

图 2-10-1 靖西腊鸭煲菜肴成品图

任务分析

靖西腊鸭煲具有口感干香、腊香浓郁的特点,是广西百色市靖西县的特色风味菜肴之一。制作这道菜肴,离不开当地所产的靖西腊鸭。靖西腊鸭属于广西特产,靖西盛产麻鸭,有"腊鸭故乡"之称,其生产历史悠久。每逢秋凉,宰杀肥嫩麻鸭,去毛,除内脏,体内外涂抹精盐、五香粉、胡椒粉、甘草粉、糖、姜末等调料，腌3~4小时，晾晒两天后再压平晒一周即成。为完成靖西腊鸭煲菜肴的生产制作任务，传承靖西腊鸭煲制作技艺，学员不仅要按照"任务描述"中的相关要求做好相关准备，还应认真分析、高质量完成此菜肴生产制作所涉及的几个核心问题。

1. 靖西腊鸭与南京盐水鸭有什么区别？_____。
2. 运用靖西腊鸭制作菜肴时需要注意什么？_____。
3. 刀工处理时，各原料的成型规格是什么？_____。
4. 烹调此菜宜选用什么烹调技法？_____。
5. 对煲的选用有什么特殊的要求？_____。

 任务实施

一、主辅原料及调料准备

主辅料：靖西腊鸭半只约400 g（见图2-10-2）；荔浦芋头400 g，蒜粒6颗，生姜30 g，香葱30 g，香菜1颗（见图2-10-3）。

调味料：料酒15 mL，绍酒10 mL，精盐2 g，白糖4 g，老抽2 mL（见图2-10-4）。

图2-10-2 主料

图2-10-3 辅料

二、生产制作流程识读

刀工处理→初熟处理→切鸭肉→炸芋头→炒制→煲制成菜。

三、生产制作注意事项识读

1. 腊鸭有一定的咸味，在调味时注意食盐的使用量，避免过咸。

2. 炸制过的荔浦芋头经水煮后很容易软烂，因此，在煲制过程中需恰当控制火候，避免过多地翻动。

图2-10-4 调味料

3. 腊鸭在烹调之前，需要用温水清洗，以洗去表面的浮尘、霉菌和其他有害微生物。在清洗过程可加入少许面粉，效果更佳。

四、依据步骤进行生产制作

步骤1：将荔浦芋头去皮后放在砧板上切成块状（见图2-10-5），蒜粒去掉头和尾切成丁状，15 g生姜切成片状，剩余的生姜切丁，葱白部分切成3 cm左右的段，葱叶留用，香菜切3 cm左右的段（见图2-10-6）。

图2-10-5　芋头切块

图2-10-6　辅料切制成品

步骤2：锅中加入清水，放入腊鸭、葱叶、姜片、料酒煮制（见图2-10-7），水沸腾后转小火煮约15分钟，煮至鸭肉熟透捞出晾凉后切块。

步骤3：锅烧热后加入约1 L食用油，待油温升至六成热时将芋头放入锅中炸制（见图2-10-8），待芋头表皮酥脆时捞出备用。

图2-10-7　煮制腊鸭

图2-10-8　炸制芋头

步骤4：锅洗干净后放在炉灶上加热，锅烧热后，加入适量的油，下蒜粒、姜丁煸炒出香味后放入鸭块炒制（见图2-10-9），炒香后加入汤水继续加热，水沸腾后加入芋头。

步骤5：当汤汁再沸腾后从炒锅中移到瓦煲中，将瓦煲放在炉上继续加热至沸腾后，转小火煲制，淋入绍酒、盐、糖和老抽调味调色，用小勺子搅拌均匀，调成小火继续焖约3分钟，加入葱段继续煲约1分钟（见图2-10-10），放入香菜段即可出锅。

图2-10-9　煸炒腊鸭块

图2-10-10　煲制

项目二　桂西风味菜

任务11　酸粥猪肚

任务11　酸粥猪肚

任务目标

1. 搜集酸粥猪肚的风味特点及用料特色等信息，并能恰当选用合格的用料。
2. 掌握酸粥猪肚生产制作步骤、成品质量标准和安全操作注意事项。
3. 能依据任务实施说明做好各项准备，独立完成酸粥猪肚菜肴的生产制作。
4. 能遵守厨房"6S"或"4D"管理规定，团结协作，进行文明操作，确保卫生安全、形象优良、品质满意、损耗降低、效率提升。

任务描述

依据图2-11-1所示"酸粥猪肚菜肴成品图"，独立生产制作一份符合标准的菜肴。具体要求如下：

1. 生产制作前认真研读并熟记酸粥猪肚标准菜谱中所列的用料、制作流程、注意事项、制作过程等内容，观看酸粥猪肚菜肴制作过程图片与操作视频，完成任务分析相关问题。

2. 用恪尽职守、责重如山的职业精神，专心致志、博大精深的专业精神，精益求精、追求卓越的工匠精神，在实训指导老师的监护下，用90分钟时间在标准化厨房中进行用料准备与生产制作。

图2-11-1　酸粥猪肚菜肴成品图

任务分析

酸粥猪肚具有色泽微黄、口味咸酸、酱汁浓稠、猪肚爽滑的特点，是广西崇左市的特色风味之一。本道菜的最大亮点是使用了酸粥。酸粥又称酸糟粥，壮语称为"洒渗"，具有提神醒脑的功能，又名"提神醒脑粥"，分布在广西崇左市江州区、扶绥县、宁明县、大新县、龙州县等多个区县，其中以扶绥县的酸粥最具特色。2014年扶绥酸粥被列入自治区级第五批非物质文化遗产代表性项目录。为完成酸粥猪肚菜肴的生产制作任务，传承酸粥猪肚制作技艺，学员不仅要按照"任务描述"中的相关要求做好相关准备，还应认真分析、高质量完成此菜肴生产制作所涉及的几个核心问题。

1. 酸粥是变质发馊的粥吗？＿＿＿＿＿＿＿＿＿＿＿＿＿＿＿＿＿＿＿＿＿＿。
2. 应如何清洗猪肚？＿＿＿＿＿＿＿＿＿＿＿＿＿＿＿＿＿＿＿＿＿＿＿＿。
3. 清洗完的猪肚还需要如何处理才进行刀工处理？＿＿＿＿＿＿＿＿＿＿。
4. 调味料的选用有哪些讲究？＿＿＿＿＿＿＿＿＿＿＿＿＿＿＿＿＿＿＿。
5. 此菜宜采用什么样的器皿盛装？＿＿＿＿＿＿＿＿＿＿＿＿＿＿＿＿＿。

任务实施

一、主辅原料及调料准备

主辅料：猪肚1个约600 g（见图2-11-2）；面粉100 g，假蒌叶15 g，香葱5根，生姜35 g，蒜粒20 g（见图2-11-3）。

调味料：酸粥100 g，精盐42 g，料酒45 mL，鸡精2 g，味精1 g，胡椒粉1 g，生抽7 mL，蚝油10 g（见图2-11-4）。

图2-11-2 主料

图2-11-3 辅料

二、生产制作流程识读

刀工处理→洗涤猪肚→初熟处理猪肚→切猪肚→炒制→出锅装盘。

三、生产制作注意事项识读

1. 猪肚需要反复揉搓，彻底清洗干净，防止有异味。
2. 酸粥越白越稠，味道越鲜美。烹调中根据消费者口味，酌情加入蒜米、鸡皮果、辣椒等佐料，风味更佳。
3. 炒制过程不断翻动原料，防止酸粥粘锅。

图2-11-4 调味料

四、依据步骤进行生产制作

步骤1：将猪肚放在盆中，加入精盐20 g、面粉50 g、料酒20 mL，仔细地揉搓猪肚的内外两面（见图2-11-5），然后用清水彻底漂洗干净，再次重复以上步骤，直到清洗干净，然后用剪刀将猪肚内的白色脂肪剪掉（见图2-11-6），20g生姜切成片。

图2-11-5　揉搓猪肚

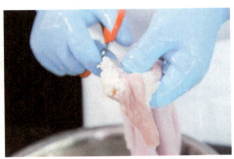
图2-11-6　剪去脂肪

步骤2：将猪肚入锅中焯水捞出洗净，去除内壁的黏膜，然后再次入水锅，加入料酒30 mL、香葱25 g、生姜片，大火烧沸腾后转小火炖煮（见图2-11-7），煮至猪肚软时捞出备用。

步骤3：将煮软的猪肚切成斜刀片（见图2-11-8），假蒌叶切碎，15g生姜剁碎，蒜粒切成末。

图2-11-7　煮制猪肚

图2-11-8　切制猪肚

步骤4：锅烧热后加入适量的油，加入生姜末、蒜末炒至香味浓郁后，加入酸粥（根据酸粥的浓稠度决定是否加水进行稀释），改用小火继续煮制约5分钟，放入盐、生抽、蚝油、鸡精、味精等调味料炒匀（见图2-11-9），继续煮制约3分钟后加入切好的猪肚，煮约2分钟后加入假蒌叶及胡椒粉即可出锅装盘（见图2-11-10），装盘后趁热上桌。

图2-11-9　炒制酸粥汁

图2-11-10　出锅装盘

任务12 散扣

任务12 散扣

任务目标

1. 搜集散扣的风味特点及用料特色等信息，并能恰当选用合格的用料。
2. 掌握散扣生产制作步骤、成品质量标准和安全操作注意事项。
3. 能依据任务实施说明做好各项准备，独立完成散扣菜肴的生产制作。
4. 能遵守厨房"6S"或"4D"管理规定，团结协作，进行文明操作，确保卫生安全、形象优良、品质满意、损耗降低、效率提升。

任务描述

依据图2-12-1所示"散扣菜肴成品图"，独立生产制作一份符合标准的菜肴。具体要求如下：

1. 生产制作前认真研读并熟记散扣标准菜谱中所列的用料、制作流程、注意事项、制作过程等内容，观看散扣菜肴制作过程图片与操作视频，完成任务分析相关问题。

2. 用恪尽职责、责重如山的职业精神，专心致志、博大精深的专业精神，精益求精、追求卓越的工匠精神，在实训指导老师的监护下，用90分钟时间在标准化厨房中进行用料准备与生产制作。

图2-12-1 散扣成品图

任务分析

散扣具有色泽酱红、口味酸甜、香烂可口、肥而不腻的特点，是崇左一带比较流行的美食，是下酒的名菜、佐餐的佳肴。崇左是壮族聚居地，有的是在土地贫瘠、没有水源的大石山区，有的是在土地相对肥沃、有水源的平垌地区，各聚居地之间自然环境差别巨大，但又都处于亚热带季风气候区，雨量充沛，光照充足。独特的自然条件和气候条件，造就了当地独具特色的美食,散扣就是其中极具代表性的菜肴。为完成散扣菜肴的生产制作任务,传承散扣制作技艺,学员不仅要按照"任务描述"中的相关要求做好相关准备,还应认真分析、高质量完成此菜肴生产制作所涉及的几个核心问题。

1. 为什么称为"散扣"? _____。
2. 此菜采用什么烹调技法成菜? _____。
3. 刀工处理时,肉的切制规格标准是什么? _____。
4. 调味品选择有什么特别要求? _____。
5. 烹调过程上需要注意哪些? _____。

 任务实施

一、主辅原料及调料准备

主辅料:五花肉 900 g(见图 2-12-2);冬菜 300 g,水发香菇 50 g,蒜粒 15 g,姜片 20 g,生姜块 20 g,葱白 35 g(见图 2-12-3)。

调味料:料酒 20 mL,老抽 6 mL,黄豆酱 25 g,腐乳 1 块,南乳 1 块,生抽 15 mL,柱候酱 20 g,蚝油 15 g,鸡精 3 g,白糖 6 g,精盐 3 g,扣肉料 4 g,白醋 20 mL,啤酒 750 mL(见图 2-12-4)。

图 2-12-2 主料

图 2-12-3 辅料

二、生产制作流程识读

初熟处理→炸肉→刀工处理→调扣肉汁→煮制→出锅装盘。

三、生产制作注意事项识读

1. 扣肉汁要咸鲜适中,味不宜过重。
2. 炸肉过程可以加锅盖防止油飞溅。
3. 成品煮制过程中应不断翻动锅中的原料,特别是当酱汁收少时需要勤翻动,以防粘锅,造成糊锅现象。

图 2-12-4 调味料

四、依据步骤进行生产制作

步骤1：冷水锅中加入姜片、料酒及五花肉浸煮约30分钟，待熟透时捞出（见图2-12-5）。将表面的水擦干后用扣肉针扎孔，然后抹上食盐及白醋（见图2-12-6），晾干表面水分备用。

图2-12-5 将煮熟的肉捞出

图2-12-6 抹上食盐和白醋

步骤2：锅烧热后倒入食用油约1.5 L，待油温上升至六成热时，放入初步处理好的肉炸至表皮充分爆裂后捞起（见图2-12-7），放到热水中浸泡至表皮松软。

步骤3：将泡好的肉切成长度基本一致，厚度约1 cm的片；冬菜、水发香菇分别切碎，蒜粒、生姜分别剁茸，葱白切成葱花（见图2-12-8）。

图2-12-7 炸制

图2-12-8 辅料刀工成品

步骤4：将切碎的原料放入汤盆中，加入老抽、黄豆酱、腐乳、南乳、生抽、柱候酱、蚝油、鸡精、白糖、扣肉料、啤酒、煮肉原汤400 mL调拌成煮肉酱汁（见图2-12-9）。

步骤5：锅洗干净后放在炉灶上加热，将调好的煮肉酱汁倒入锅中大火煮开，放入切好的肉块，大火煮沸腾后改用中小火煮制（见图2-12-10），煮约45分钟至肉软烂、汤汁浓稠即可出锅装盘，撒少许葱花增香。

图2-12-9 煮肉酱汁成品

图2-12-10 煮制

项目二　桂西风味菜

任务 13　凭祥春卷

任务 13　凭祥春卷

任务目标

1. 搜集凭祥春卷的风味特点及用料特色等信息，并能恰当选用合格的用料。
2. 掌握凭祥春卷生产制作步骤、成品质量标准和安全操作注意事项。
3. 能依据任务实施说明做好各项准备，独立完成凭祥春卷菜肴的生产制作。
4. 能遵守厨房"6S"或"4D"管理规定，团结协作，进行文明操作，确保卫生安全、形象优良、品质满意、损耗降低、效率提升。

任务描述

依据图 2-13-1 所示"凭祥春卷菜肴成品图"，独立生产制作一份符合标准的菜肴。具体要求如下：

1. 生产制作前认真研读并熟记凭祥春卷标准菜谱中所列的用料、制作流程、注意事项、制作过程等内容，观看凭祥春卷菜肴制作过程图片与操作视频，完成任务分析相关问题。

2. 用恪尽职守、责重如山的职业精神，专心致志、博大精深的专业精神，精益求精、追求卓越的工匠精神，在实训指导老师的监护下，用 90 分钟时间在标准化厨房中进行用料准备与生产制作。

图 2-13-1　凭祥春卷菜肴成品图

任务分析

凭祥春卷具有馅料丰富、外皮金黄酥脆、口感独特的特点，是凭祥市边境一带比较流行的一种融合了越南风味的美食。凭祥有"南疆第一大门"——友谊关，是祖国南大门边陲重镇，紧邻越南边境，是中越商贸往来的重要集散地，是我国通往越南和东南亚最大最便捷的陆路通道，汇聚了中越两国多种多样的美食，并形成了自己特有的凭祥美食文化。因地理位置的特别之处，凭祥市有很多美食都融合了越南风味。为完成凭祥春卷菜肴的生产制作任务，传承凭祥春卷制作技艺，学员不仅要按照"任务描述"中的相关要求做好相关准备，还应认真分析、高质量完成此菜肴生产制作所涉及的几个核心问题。

1. 凭祥春卷与传统中式春卷最大的区别是什么？_____。
2. 卷制春卷在手法上有什么特别要求？_____。
3. 卷制好的春卷坯在炸制前是挂糊还是拍粉？_____。
4. 调制馅料时需要注意什么？_____。
5. 炸制时的油温宜控制在多少摄氏度？_____。

任务实施

一、主辅原料及调料准备

主辅料：五花肉 200 g，越南春卷皮 15 张（见图 2-13-2）；干龙口粉丝 60 g，水发木耳 100 g，生粉 50 g，生姜 10 g，香葱 20 g，鸡蛋 1 个（见图 2-13-3）。

调味料：料酒 10 mL，精盐 3 g，生抽 8 mL，蚝油 20 g（见图 2-13-4）。

图 2-13-2　主料

图 2-13-3　辅料

二、生产制作流程识读

刀工处理→兑调味汁→卷制春卷→炸制→出锅装盘。

三、生产制作注意事项识读

1. 制作此菜的五花肉选用肥瘦比例为 5∶5 左右的为佳。

2. 浸泡粉丝的时间不宜太长，防止粉丝充分吸收水分后变得过软，造成成品达不到质量标准。

图 2-13-4　调味料

3. 卷好的越南春卷皮撒少许生粉黏附其表面的目的是使炸制的成品更加酥脆，但生粉的量要严格控制。

四、依据步骤进行生产制作

步骤1：粉丝用清水浸泡约30分钟至半回软捞出（见图2-13-5），将发好的粉丝切成5cm左右的段；五花肉去皮后剁碎；水发木耳切碎（见图2-13-6）；生姜切茸，香葱切成葱花。

图2-13-5 浸泡粉丝

图2-13-6 切碎木耳

步骤2：将五花肉碎末、水发木耳、粉丝、姜茸、葱花等原料放在大盆中，加入料酒、盐、生抽、蚝油等调味料，将鸡蛋敲开放入，将馅料搅拌均匀（见图2-13-7）。

步骤3：取一张越南春卷皮放在砧板上，用少许水润湿，放入约30g的馅料，卷成圆柱形（见图2-13-8），放在撒有生粉的干燥碟子中，采用同样的方法将所有馅料包卷完。

图2-13-7 调制馅料

图2-13-8 卷制

步骤4：在原料表面撒少许生粉（见图2-13-9），静置10分钟，使春卷均匀地将生粉吸附在表面。

步骤5：锅中放入约1L左右的食用油，烧热至六成油温后下卷好的春卷炸制，炸制过程中需要不断翻动，使之受热均匀，待春卷外皮金黄酥脆时捞出（见图2-13-10），放在垫有吸油纸的盛器中吸掉多余的油脂，然后摆在盛菜碟中即成。

图2-13-9 撒生粉

图2-13-10 炸制

任务 14　大新粉蒸肉

任务 14　大新粉蒸肉

任务目标

1. 搜集大新粉蒸肉的风味特点及用料特色等信息，并能恰当选用合格的用料。
2. 掌握大新粉蒸肉生产制作步骤、成品质量标准和安全操作注意事项。
3. 能依据任务实施说明做好各项准备，独立完成大新粉蒸肉菜肴的生产制作。
4. 能遵守厨房"6S"或"4D"管理规定，团结协作，进行文明操作，确保卫生安全、形象优良、品质满意、损耗降低、效率提升。

任务描述

依据图 2-14-1 所示"大新粉蒸肉菜肴成品图"，独立生产制作一份符合标准的菜肴。具体要求如下：

1. 生产制作前认真研读并熟记大新粉蒸肉标准菜谱中所列的用料、制作流程、注意事项、制作过程等内容，观看大新粉蒸肉菜肴制作过程图片与操作视频，完成任务分析相关问题。

2. 用恪尽职守、责重如山的职业精神，专心致志、博大精深的专业精神，精益求精、追求卓越的工匠精神，在实训指导老师的监护下，用 90 分钟时间在标准化厨房中进行用料准备与生产制作。

图 2-14-1　大新粉蒸肉菜肴成品图

任务分析

大新粉蒸肉具有色泽金黄、口感酥烂、香气四溢的特点，是崇左市大新县的传统特色美食。大新是土司统治时间较长、制度比较完整的地区，在发展过程中逐渐形成带有土司文化的壮王土司宴，壮王土司宴汇集众多特色美食，所有菜肴会依次置于一个大铜盘中，连菜带汤，荤素搭配，寓意五谷丰登、阖家幸福、身体健康。独具地方特色的粉蒸肉就是其中的一道代表性菜肴。为完成大新粉蒸肉菜肴的生产制作任务,传承大新粉蒸肉制作技艺,学员不仅要按照"任务描述"中的相关要求做好相关准备,还应认真分析、高质量完成此菜肴生产制作所涉及的几个核心问题。

1. 大新粉蒸肉的粉有什么特点?＿＿＿＿＿＿＿＿＿＿＿＿＿＿＿＿＿＿＿＿。
2. 蒸制时需要搭配哪两种特色树叶?＿＿＿＿＿＿＿＿＿＿＿＿＿＿＿＿＿。
3. 刀工处理时,肉的切制规格标准是什么?＿＿＿＿＿＿＿＿＿＿＿＿＿＿。
4. 调味方面需要注意哪些?＿＿＿＿＿＿＿＿＿＿＿＿＿＿＿＿＿＿＿。
5. 此菜宜放在什么样的器具中蒸制?＿＿＿＿＿＿＿＿＿＿＿＿＿＿＿＿。

任务实施

一、主辅原料及调料准备

主辅料:五花肉 350 g(见图 2-14-2);玉米粉 200 g,黄皮果树叶 15 片,大粽叶 3 张(见图 2-14-3)。

调味料:葱白 30 g,生姜 20 g,蒜粒 3 颗,生抽 15 mL,五香粉 2 g,白糖 5 g,精盐 2 g,鸡蛋 1 个,鸡粉 2 g,蚝油 7 g,料酒 10 mL(见图 2-14-4)。

图 2-14-2 主料

图 2-14-3 辅料

二、生产制作流程识读

清洗→刀工处理→码味→裹粉→蒸制→出锅装盘。

三、生产制作注意事项识读

1. 一定要选择肥瘦相间的五花肉,吃起来既不油腻,又不会塞牙,口感也比较好。
2. 玉米粉应选用加工较细的粉,制作时可以根据口味需要适当添加五香粉、十三香、豆腐乳、辣椒粉等增味。

图 2-14-4 调味料

四、依据步骤进行生产制作

步骤1：将黄皮果树叶、大粽叶、五花肉等分别清洗干净（见图2-14-5）；将清洗好的五花肉切成0.3 cm左后的厚片备用；葱白、生姜、蒜等分别剁茸（见图2-14-6）。

图2-14-5　清洗粽叶

图2-14-6　辅料刀工成品

步骤2：将五花肉放入汤盆中，依次加入葱白粒、生姜茸、蒜蓉、生抽、五香粉、白糖、盐、鸡蛋液、鸡粉、蚝油、料酒等，然后不断抓拌腌制（见图2-14-7）。

步骤3：腌制约10分钟即可入味，然后加入玉米粉，轻轻抓拌均匀（见图2-14-8），避免用力过猛，造成玉米粉沾裹不均匀。

图2-14-7　放调料腌制

图2-14-8　玉米粉拌匀成品

步骤4：在竹制蒸笼中用大粽叶垫底，然后再垫上5张黄皮果叶子，将拌匀的粉蒸肉初坯整齐地摆放在蒸笼内（见图2-14-9），然后在表面放上剩余的黄皮果叶子，盖上盖子备用。

步骤5：蒸锅中加入适量的水，大火烧开后放入竹制蒸笼，采用旺火持续加热蒸制约40分钟至肉软烂即可取出，捡出黄皮果叶子，撒上少许葱花（见图2-14-10），趁热上菜即成。

图2-14-9　装入蒸笼

图2-14-10　蒸制成品

项目三　桂东南风味菜

学习目标

素质目标：

1. 树立吃苦耐劳、脚踏实地的精神，弘扬勤俭节约之风。
2. 理解没有劳动就没有收获的朴素哲理。
3. 养成勤奋学习、严以修德、明辨是非、笃行做人的态度。
4. 拥有敬业精神和精益求精的工匠精神。
5. 树立远大理想，努力提高自身修养，培养责任感，树立终身学习的行动目标。

知识目标：

1. 了解桂东南风味所含区域及各区域的风味特色。
2. 了解桂东南风味各代表性菜肴的影响力。
3. 熟悉桂东南风味各代表性菜肴的质量标准及传承情况。
4. 掌握桂东南风味各代表性菜肴生产制作注意事项。
5. 掌握桂东南风味各代表性菜肴原料选用与调味用料构成。

能力目标：

1. 能合理地对小组成员的实训角色进行恰当的分工，并能做好组织、统筹、监督、检查的工作。
2. 能较好运地用鲜活原料初加工技术、刀工技术，依据任务实施相关要求做好桂东南风味各代表性菜肴的准备工作。
3. 能够制作桂东南风味各代表性菜肴，且工艺流程、制作步骤、成菜质量等符合相关标准。
4. 通过对相关知识的学习与桂东南风味各代表性菜肴的深入实训，结合餐饮行业的发展方向及市场需求，能进行创新、开发适销对路的新桂东南菜。

桂东南风味菜导读

桂东南风味指的指南宁、梧州、玉林与贵港等地的菜品。

一、南宁地区及菜肴情况

南宁，简称"邕"，别称"绿城""邕城"，是广西壮族自治区首府、北部湾城市群核心城市，国务院批复确定的北部湾经济区中心城市、西南地区连接出海通道的综合交通枢纽，是泛北部湾经济合作、大湄公河次区域合作、泛珠三角合作等多区域合作的交汇点，也是中国—东盟博览会永久举办地、国家"一带一路"有机衔接的重要门户城市。南宁市总面积2.21万平方千米，下辖7个区、4个县，代管1个县级市。根据第七次人口普查数据，截至2020年11月1日0时，南宁市常住人口为874.158 4万人。

南宁的饮食取粤菜之精华，得东南亚之异韵，讲究鲜、嫩、爽、滑及营养科学，富于季节变化，山珍海味、野菜山花皆可入肴，自成桂系一派。这里粤菜、川菜、湘菜、淮扬菜各领风骚，日本料理、韩国烧烤、泰式风味、西式大餐应有尽有。南宁本地菜以清淡为主，讲究鲜、嫩、爽、滑的美食加上浓郁的民族风情，让你胃口大开，乐不思归。口味上，夏秋力求清淡，冬春偏重浓醇，菜肴的品种较多，按季节而变化。中山路是南宁有名的饮食一条街，这里汇聚了本土和外来的多种美食和小吃。南宁代表性菜肴有假蒌牛肉夹、柠檬鸭、灵马鲶鱼、马山红扣黑山羊、鸡茸宴（见图3-0-1）、甜酒鱼、老友鱼等。

图3-0-1　鸡茸宴

二、梧州地区及菜肴情况

梧州，简称"梧"，是古苍梧郡治、古广信县治所在地，是粤语的发源地，岭南文化发源地之一，有"绿城水都""百年商埠""世界人工宝石之都"之美称，是国家森林城市、国家园林城市、全国双拥模范城市、中国优秀旅游城市。梧州总面积1.258 8万平方千米，下辖3个区、3个县，代管1个县级市。根据第七次人口普查数据，截至2020年11月1日0时，梧州市常住人口为282.097 7万人。

梧州是一座历史文化底蕴深厚的古城，保留有很多传统的并且充满乡土气息的文化。它集合了古老与现代元素，充满了神秘的色彩。在饮食文化上，它兼容并蓄，在广西长期流传着"食在梧州"的说法。梧州人的饮食，以粤菜为主，粤味极浓，特别讲究色、香、味。梧州的纸包鸡堪称"中国一绝"，采用十分罕见的浸纸工艺制作而成；香芋鸭（见图3-0-2）传承了经典的老梧州风味，将香芋、烧鸭裹上面粉油炸而成，里面可加入花生碎；葱油鱼做法讲究，酸甜入味，做工精细，工序繁复，皮酥肉嫩，味道香醇。豆腐酿融入岭南与中原的饮食文化，清爽嫩滑的豆腐与鲜美香浓的肉末交织在一起，成就了一道独树一帜的美味佳肴。梧州美食不胜枚举，梧州代表性菜肴有梧州纸包鸡、岑溪豆腐酿、梧州葱油鱼、香芋鸭、豆腐酿、牛肠酸、神仙钵等。

三、玉林地区及菜肴情况

玉林，古称"郁林州"，是全国第二批农村改革试验区之一。素有"岭南美玉、胜景如林"的美誉，是中国优秀旅游城市，风景名胜有云天民俗文化城、大容山国家森林公园、谢鲁山庄、都峤山等。2019年7月，被评为国家知识产权试点城市。玉林总面积1.28万平方千米，下辖2个区、4个县，代管1个县级市。根据第七次人口普查数据，截至2020年11月1日0时，玉林市常住人口为579.68万人。

玉林是一座具有两千多年历史的文化古城。每个城市都有它特别的"味道"，玉林人适应当地环境、物产、气候、人情风俗等条件，逐渐形成了富有玉林特色的饮食习俗。玉林牛巴是玉林最负盛名的美食，也是广西最著名的美食特产之一，已经有800多年的加工历史，南宋时便已开始制作。生炒牛料是玉林的特色美食，是外地客人必点的菜式。玉林人食用牛肉牛料的时间，最早可以追溯到秦汉时期。玉林代表性菜肴有柚皮渡笋扣、酸甜扣肉、沙田柚皮酿、玉林炒牛料、网油鱼卷、玉林酥肉、黑榄蒸塘角鱼、兴业鱼扣等。

四、贵港地区及菜肴情况

贵港，别称"荷城"，是一座具有2 000多年历史的古郡新城，也是一座充满生机的新兴内河港口城市。贵港是国家一类对外开放口岸、全国内河港口十强之一、中国西部地区最大内河港口、国家承接产业专业示范区。贵港总面积1.06万平方千米，下辖港3个区和1个县，代管1个县级市。根据第七次人口普查数据，截至2020年11月1日0时，贵港市常住人口为436.63万人。

贵港具有鲜明的地域特点，当地的菜肴选料讲究、制作精细，在烹调技法上深受粤菜的影响，口味以鲜、香、麻、辣为主，著名的桂平浔江鱼就是贵港最具代表性的佳肴。仰仗浔江水的优势，贵港一带的浔江水产非常丰富，几乎每个餐馆酒楼都会特别推荐浔江鱼这类菜肴，味道特别鲜美，很受欢迎，有"不吃浔江鱼，就没有到过贵港"的说法。贵港莲藕上品，质地松软清甜，俗话说"很秒"，用赤秒糖入口即化来比喻其质地。贵港人吃莲藕，有净炒、蒸茸、煲汤、馅酿等方法，无论子藕、老藕，都可以薄切净炒，味道香滑细嫩。贵港代表性菜肴有红旭糟炒大肠、荷香牛肋排、覃塘酿莲藕、桂平香辣糟鱼、乳泉腐丝羹、清蒸浔江鱼、平南墨底鳖汤、酸笋炒田螺等。

任务1　假蒌牛肉夹

任务1　假蒌牛肉夹

任务目标

1. 搜集假蒌牛肉夹的风味特点及用料特色等信息，并能恰当选用合格的用料。
2. 掌握假蒌牛肉夹生产制作步骤、成品质量标准和安全操作注意事项。
3. 能依据任务实施说明做好各项准备，独立完成假蒌牛肉夹菜肴的生产制作。
4. 能遵守厨房"6S"或"4D"管理规定，团结协作，进行文明操作，确保卫生安全、形象优良、品质满意、损耗降低、效率提升。

任务描述

依据图3-1-1所示"假蒌牛肉夹菜肴成品图"，独立生产制作一份符合标准的菜肴。具体要求如下：

1. 生产制作前认真研读并熟记假蒌牛肉夹标准菜谱中所列的用料、制作流程、注意事项、制作过程等内容，观看假蒌牛肉夹菜肴制作过程图片与操作视频，完成任务分析相关问题。

2. 用恪尽职守、责重如山的职业精神，专心致志、博大精深的专业精神，精益求精、追求卓越的工匠精神，在实训指导老师的监护下，用90分钟时间在标准化厨房中进行用料准备与生产制作。

图3-1-1　假蒌牛肉夹菜肴成品图

任务分析

假蒌牛肉夹具有外酥里嫩、香而不腻的特点，是南宁地区的传统特色美食。这道菜的最大亮点就在于使用了本地特色食材——假蒌叶。假蒌叶是一种在南宁广为使用的美味调味品，人们常用来做菜，它的美味经常和紫苏叶相提并论。包粽子时用假蒌叶包肥猪肉做馅，一是可以消除猪肉的肥腻，二是中和糯米的湿热，祛热毒。另外也用其煮假蒌饭，有特殊的香气；假蒌叶还可以用来炒田螺，中和田螺的凉性。为完成假蒌牛肉夹菜肴的生产制作任务，传承假蒌牛肉夹制作技艺，学员不仅要按照"任务描述"中的相关要求做好相关准备，还应认真分析、高质量完成此菜肴生产制作所涉及的几个核心问题。

1. 应选用什么质量的假蒌叶？_____。
2. 牛肉馅采用手工剁和机器加工有什么差异？_____。
3. 调制牛肉馅时如何才能使馅心具有较好的弹性？_____。
4. 炸制此菜时，如何控制油温？_____。
5. 此菜宜采用什么样的器皿盛装？_____。

任务实施

一、主辅原料及调料准备

主辅料：牛肉 200 g（见图 3-1-2）；假蒌叶 24 张（见图 3-1-3）。

调味料：精盐 3 g，白胡椒 0.5 g，料酒 5 mL，生抽 5 mL，蚝油 5 g，香油 2 mL，生粉 20 g（见图 3-1-4）。

图 3-1-2　主料

图 3-1-3　辅料

二、生产制作流程识读

刀工→洗涤处理→调制馅心→制份→夹制→油炸→出锅装盘。

三、生产制作注意事项识读

1. 由于牛肉脂肪含量少，制馅时可加入适量的肥肉增加香味。
2. 制作假蒌夹时可根据叶片的大小加工成圆饼形、半圆形、圆柱形等。
3. 假蒌叶不耐高温，炸制时油温以六成热为宜。
4. 上菜时，可根据消费者的口味需求搭配椒盐、甜辣酱、酸梅酱等。

图 3-1-4　调味料

四、依据步骤进行生产制作

步骤1：将牛肉放在干净的砧板上剁成泥茸（见图3-1-5），然后放入盛器中备用。

步骤2：将假蒌叶放在清水中反复清洗（见图3-1-6），洗干净后捞出，沥干水分备用。

图3-1-5　牛肉泥

图3-1-6　清洗假蒌叶

步骤3：将牛肉泥放进干净的盛器中，加入精盐、白胡椒、料酒、生抽、蚝油、香油、生粉及适量的水（见图3-1-7），用手充分搅打至起胶备用。

步骤4：将沥干水分的假蒌叶整齐地摆放在砧板上，然后在假蒌叶上抹少许生粉（见图3-1-8），抹匀备用。

图3-1-7　调制牛肉馅

图3-1-8　假蒌叶抹生粉

步骤5：将牛肉馅分成大小均匀的12份，然后将分好的肉馅放在假蒌叶上面（见图3-1-9），用另一片抹有生粉的假蒌叶夹上，然后压扁成厚薄一致的饼状，使肉馅不外露，最后将边缘修理整齐备用。

步骤6：炙锅烧油，待油温烧至六成热时，放入初步处理好的牛肉饼炸制（见图3-1-10），中火炸至肉熟叶脆时，即可出锅装盘。

图3-1-9　放上肉馅

图3-1-10　炸制

任务 2　柠檬鸭

任务2　柠檬鸭

任务目标

1. 搜集柠檬鸭的历史文化及传承等信息，并能恰当选用合格的用料。
2. 掌握柠檬鸭生产制作步骤、成品质量标准和安全操作注意事项。
3. 能依据任务实施说明做好各项准备，独立完成柠檬鸭菜肴的生产制作。
4. 能遵守厨房"6S"或"4D"管理规定，团结协作，进行文明操作，确保卫生安全、形象优良、品质满意、损耗降低、效率提升。

任务描述

依据图 3-2-1 所示"柠檬鸭菜肴成品图"，独立生产制作一份符合标准的菜肴。具体要求如下：

1. 生产制作前认真研读并熟记柠檬鸭标准菜谱中所列的用料、制作流程、注意事项、制作过程等内容，观看柠檬鸭菜肴制作过程图片与操作视频，完成任务分析相关问题。

2. 用恪尽职守、责重如山的职业精神，专心致志、博大精深的专业精神，精益求精、追求卓越的工匠精神，在实训指导老师的监护下，用 90 分钟时间在标准化厨房中进行用料准备与生产制作。

图 3-2-1　柠檬鸭菜肴成品图

任务分析

柠檬鸭具有色泽酱红、口味酸辣可口、香而不腻的特点，是《中国菜——中华人民共和国省籍地域经典名菜名筵录》中所列的广西十大经典名菜之一。柠檬鸭又称武鸣柠檬鸭或高峰柠檬鸭，最早出现于 20 世纪 80 年代初期，发源于南宁市武鸣区。2018 年柠檬鸭制作技艺被评为第七批广西壮族自治区非物质文化遗产，2020年柠檬鸭制作技艺传承基地挂牌成立。为完成柠檬鸭菜肴的生产制作任务，传承柠檬鸭制作技艺，学员不仅要按照"任务描述"中的相关要求做好相关准备，还应认真分析、高质量完成此菜肴生产制作所涉及的几个核心问题。

1. 进入厨房开展生产制作，对着装有何要求？＿＿＿＿＿＿＿＿＿＿＿＿＿＿＿。
2. 选料有什么特别的要求？＿＿＿＿＿＿＿＿＿＿＿＿＿＿＿。
3. 刀工处理时，各用料的规格标准是什么？＿＿＿＿＿＿＿＿＿＿＿＿＿＿＿。
4. 调味方面需要注意哪些？＿＿＿＿＿＿＿＿＿＿＿＿＿＿＿。
5. 此菜宜采用什么样的器皿盛装？＿＿＿＿＿＿＿＿＿＿＿＿＿＿＿。

🚀 任务实施

一、主辅原料及调料准备

主辅料：光土鸭1只约1 500 g（见图3-2-2）；酸辣椒60 g，紫苏叶20 g，酸藠头50 g，蒜粒50 g，酸姜片30 g，生姜30 g，香葱30 g（见图3-2-3）。

调味料：腌酸梅20 g，咸柠檬2个，老抽4 mL，生抽10 mL，料酒30 mL，白糖5 g，精盐3 g，蚝油25 g，山黄皮酱30 g，豆腐乳2块（见图3-2-4）。

图3-2-2　主料

图3-2-3　辅料

二、生产制作流程识读

刀工处理→兑调味汁→焯水→煸炒→焖制→调味→出锅装盘。

三、生产制作注意事项识读

1. 咸柠檬是桂菜中的常见材料，是用新鲜的柠檬腌制发酵而成的一种特殊食材。咸柠檬应选用腌制3年以上的品种，用其来做菜特别香，且没有苦涩味。

2. 因咸柠檬、腌酸梅、山黄皮酱及生抽、蚝油均有咸味，所以放盐量要适当控制。

图3-2-4　调味料

3. 咸柠檬在起锅前加入，如长时间加热会使鸭肉产生苦味。

四、依据步骤进行生产制作

步骤1：将土鸭斩成块（见图3-2-5），酸辣椒切斜刀块，酸藠头对半切开，腌酸梅和咸柠檬切开后去籽剁成茸，酸姜片切粗丝，紫苏叶切粗丝（见图3-2-6），老姜切片。

图3-2-5　斩鸭块

图3-2-6　切紫苏

步骤2：将生抽、老抽、料酒和豆腐乳放入小碗中（见图3-2-7），将豆腐乳压碎并搅拌均匀备用。

步骤3：锅中加入清水，下姜片、香葱及料酒，加入鸭块焯水，待水面出现浮沫时，用手勺撇去，待浮沫变少时即可捞出用清水洗净后备用（见图3-2-8）。

图3-2-7　调味汁

图3-2-8　清洗鸭块

步骤4：锅洗干净后放在炉灶上加热，锅烧热后，加入适量的油，下蒜粒、鸭块煸炒，待鸭肉微黄且鸭香味浓郁时加入酸藠头、酸辣椒、酸姜等，翻炒至香味浓郁后加入调好的味汁（见图3-2-9），继续翻炒至颜色均匀，加入没过鸭肉的汤水焖制。

步骤5：焖至汤汁近干时，放入适量盐、咸柠檬、腌酸梅、黄皮酱、白糖、蚝油等翻炒均匀后继续收汁（见图3-2-10），收汁约1分钟出现油亮时，加入紫苏叶丝即可出锅装盘。

图3-2-9　加入味汁

图3-2-10　收汁亮油

任务3 灵马鲶鱼

任务3 灵马鲶鱼

任务目标

1. 搜集灵马鲶鱼的风味特点及用料特色等信息，并能恰当选用合格的用料。
2. 掌握灵马鲶鱼生产制作步骤、成品质量标准和安全操作注意事项。
3. 能依据任务实施说明做好各项准备，独立完成灵马鲶鱼菜肴的生产制作。
4. 能遵守厨房"6S"或"4D"管理规定，团结协作，进行文明操作，确保卫生安全、形象优良、品质满意、损耗降低、效率提升。

任务描述

依据图 3-3-1 所示"灵马鲶鱼菜肴成品图"，独立生产制作一份符合标准的菜肴。具体要求如下：

1. 生产制作前认真研读并熟记灵马鲶鱼标准菜谱中所列的用料、制作流程、注意事项、制作过程等内容，观看灵马鲶鱼菜肴制作过程图片与操作视频，完成任务分析相关问题。

2. 用恪尽职守、责重如山的职业精神，专心致志、博大精深的专业精神，精益求精、追求卓越的工匠精神在，实训指导老师的监护下，用 90 分钟时间在标准化厨房中进行用料准备与生产制作。

图 3-3-1 灵马鲶鱼菜肴成品图

任务分析

灵马鲶鱼具有色泽红润、汤汁浓稠、嫩滑不融、肥而不腻的特点，是南宁市武鸣区灵马镇的一道本土佳肴，也是武鸣乃至整个广西饮食业的一个传统而又响亮的品牌。其制作技艺历史悠久，已无从考究灵马人何时开始制作这道名菜。《武缘县经图》记载：武缘人自古有食鲶鱼之风俗，味道以水豆腐焖鲶鱼为优。2013 年灵马鲶鱼制作技艺列为第五批南宁市级非物质文化遗产代表性项目。为完成灵马鲶鱼菜肴的生产制作任务，传承灵马鲶鱼制作技艺，学员不仅要按照"任务描述"中的相关要求做好相关准备，还应认真分析、高质量完成此菜肴生产制作所涉及的几个核心问题。

1. 鲶鱼与塘角鱼有什么区别？_____。
2. 鲶鱼仔能食用吗？_____。
3. 宰杀鲶鱼时需要注意什么问题？_____。
4. 鲶鱼腥味较重，需采用什么方法去其异味？_____。
5. 此菜宜采用什么样的器皿盛装？_____。

任务实施

一、主辅原料及调料准备

主辅料：鲶鱼1条约750 g（见图3-3-2）；豆腐1块约400 g，番茄1个，青蒜50 g，香葱20 g，老姜25 g，蒜米20 g（见图3-3-3）。

调味料：香油2 mL，料酒20 mL，生抽20 mL，老抽2 mL，蚝油12 mL，白胡椒粉1 g，白糖8 g，精盐3 g，生粉、水适量（见图3-3-4）。

图3-3-2 主料

图3-3-3 辅料

二、生产制作流程识读

刀工处理→腌制鱼块→煎制→焖制→调味→出锅装盘。

三、生产制作注意事项识读

1. 鲶鱼体表有一层黏糊糊的胶质，这种胶质往往带有泥腥味，因此，宰杀后放入70℃的水中略烫一下，再用清水清洗干净，即可去掉黏液。

图3-3-4 调味料

2. 鲶鱼的鳃一定要完全去掉，体腔内的淤血黑膜和脂肪彻底清除，这些物质都是有腥味的，如果去除不彻底，就会影响口味和食欲。

四、依据步骤进行生产制作

步骤1：鲶鱼宰杀后放入70℃的水中略烫一下，然后清洗掉表面黏液，剁成块（见图3-3-5）；老姜切成粗丝，青蒜切段，香葱切成节，番茄切成大块（见图3-3-6），豆腐切块。

图3-3-5　鲶鱼剁块

图3-3-6　番茄切块

步骤2：将鱼块放进盛器中，加入盐、白胡椒粉、料酒，再放少许蚝油、生抽，抓拌均匀，腌制约10分钟备用（见图3-3-7）。

步骤3：炙锅后加入少许油润锅，然后放入豆腐块，煎至两面金黄以后，就可以起锅备用；再用同样的方法将腌制好的鲶鱼煎至熟透后出锅（见图3-3-8），用厨房纸吸油备用。

图3-3-7　腌制鲶鱼

图3-3-8　煎制鲶鱼成品

步骤4：炙锅后加入少许油爆香姜丝和蒜米后，加入西红柿块，稍炒后放入适量的汤水，用老抽、生抽、蚝油、盐、白胡椒、白糖等调料进行调味（见图3-3-9），加入煎好的豆腐和鲶鱼块，中火焖约10分钟至汤汁浓稠时，撒入青蒜段、香葱段后用水淀粉勾稀薄芡（见图3-3-10），再加入适量的尾油及香油起锅装盘即可。

图3-3-9　调制酱汁

图3-3-10　勾芡

任务4　马山红扣黑山羊

任务4　马山红扣黑山羊

任务目标

1. 搜集马山红扣黑山羊的风味特点及用料特色等信息，并能恰当选用合格的用料。
2. 掌握马山红扣黑山羊生产制作步骤、成品质量标准和安全操作注意事项。
3. 能依据任务实施说明做好各项准备，独立完成马山红扣黑山羊菜肴的生产制作。
4. 能遵守厨房"6S"或"4D"管理规定，团结协作，进行文明操作，确保卫生安全、形象优良、品质满意、损耗降低、效率提升。

任务描述

依据图3-4-1所示"马山红扣黑山羊菜肴成品图"，独立生产制作一份符合标准的菜肴。具体要求如下：

1. 生产制作前认真研读并熟记马山红扣黑山羊标准菜谱中所列的用料、制作流程、注意事项、制作过程等内容，观看马山红扣黑山羊菜肴制作过程图片与操作视频，完成任务分析相关问题。

2. 用恪尽职守、责重如山的职业精神，专心致志、博大精深的专业精神，精益求精、追求卓越的工匠精神，在实训指导老师的监护下，用90分钟时间在标准化厨房中进行用料准备与生产制作。

图3-4-1　马山红扣黑山羊菜肴成品图

任务分析

马山红扣黑山羊具有肉质软捻酥、润滑可口、气味芳香、闻之欲滴的特点，是南宁市马山县的一道地方特色风味菜肴，也是广西传统经典名菜。此菜的最大特色就是使用了当地的特产原料黑山羊肉。南宁马山县被誉为"中国黑山羊之乡"，自古盛产黑山羊。马山黑山羊全身黑毛，生长发育快，板肉厚满，皮毛质软细小，瘦肉率较高，以肉质鲜嫩、味美膻气少、营养价值高著称。为完成马山红扣黑山羊菜肴的生产制作任务，学习马山红扣黑山羊制作技艺，学员不仅要按照"任务描述"中的相关要求做好相关准备，还应认真分析、高质量完成此菜肴生产制作所涉及的几个核心问题。

1. 制作此菜宜选用哪个部位的羊肉？_____。
2. 此菜的扣制方法与传统荔浦芋扣肉在制作工艺上的最大区别是什么？_____。
3. 此菜需要经过炸制这个环节吗？_____。
4. 调味上有什么特别之处？_____。
5. 为让菜肴红亮，宜采用什么方法？_____。

 任务实施

一、主辅原料及调料准备

主辅料：山羊腩 1 200 g（见图 3-4-2）；上海青 10 棵，生姜 100 g，蒜米 25 g，干葱头 20 g（见图 3-4-3）。

调味料：桂皮 5 g，陈皮 5 g，八角 6 g，当归 10 g，香叶 4 片，草果 2 粒，丁香 2 g，料酒 30 mL，生抽 20 mL，柱候酱 30 g，南乳 2 g，五香粉 3 g，胡椒粒 2 g，冰糖 3 g，精盐 5 g（见图 3-4-4）。

皮水料：麦芽糖 8 g，浙醋 125 mL，二锅头酒 15 mL（见图 3-4-5）。

图 3-4-2 主料

图 3-4-3 辅料

图 3-4-4 调味料

图 3-4-5 皮水料

二、生产制作流程识读

焯水→上皮水→炸至上色→卤制→改刀装盘→蒸制→装盘成菜。

三、生产制作注意事项识读

1. 为去除羊腩的腥膻味,可以用清水漂洗、烹调时加生姜葱段及香菜。
2. 羊肉的腥膻味主要来自脂肪,可以选择脂肪少的羊腩。
3. 羊腩飞水时需要冷水下锅,焯水完成后需要反复清洗黏附在上面的杂质。
4. 蒸制时间不要太久且以有一定的嚼头为度。

四、依据步骤进行生产制作

步骤1:将羊腩清洗干净后放入冷水锅中,大火烧开后改用中火煮熟透(见图3-4-6),捞出放入冷水中清洗掉表面的杂质备用。

图3-4-6 煮羊腩

步骤2:将羊腩表面水分擦干,然后将调制好的皮水均匀地抹在表面(见图3-4-7)。

步骤3:锅烧热,放入约1.5 L的食用油,待油温升至150℃~160℃时,将上过皮水的羊腩放入锅中炸至色淡黄(见图3-4-8),捞出备用。

图3-4-7 上皮水

图3-4-8 炸制上色

步骤4:锅加水,放入羊腩及各种香料,煮到筷子可以直接插入时捞出。拆去肋骨,改刀成约0.8 cm厚、8 cm长的条(见图3-4-9),皮朝下摆进碗中,用骨头垫底。

步骤5:热锅加少许油,爆香姜块、干葱、蒜籽,加熬羊原汤煮开后淋入羊扣中,上笼蒸约40分钟。在蒸制的同时,菜胆飞水备用。蒸制时间到,关火出笼,用扣碗把羊扣扣过来,汁倒进锅里。菜胆围边,锅加热勾芡,放一点尾油,然后将汁淋在菜品上(见图3-4-10)。

图3-4-9　去骨切条

图3-4-10　勾芡淋汁

任务5 鸡茸宴

任务5 鸡茸宴

任务目标

1. 搜集鸡茸宴的风味特点及用料特色等信息，并能恰当选用合格的用料。
2. 掌握鸡茸宴生产制作步骤、成品质量标准和安全操作注意事项。
3. 能依据任务实施说明做好各项准备，独立完成鸡茸宴菜肴的生产制作。
4. 能遵守厨房"6S"或"4D"管理规定，团结协作，进行文明操作，确保卫生安全、形象优良、品质满意、损耗降低、效率提升。

任务描述

依据图3-5-1所示"鸡茸宴菜肴成品图"，独立生产制作一份符合标准的菜肴。具体要求如下：

1. 生产制作前认真研读并熟记鸡茸宴标准菜谱中所列的用料、制作流程、注意事项、制作过程等内容，观看鸡茸宴菜肴制作过程图片与操作视频，完成任务分析相关问题。

2. 用恪尽职守、责重如山的职业精神，专心致志、博大精深的专业精神，精益求精、追求卓越的工匠精神，在实训指导老师的监护下，用90分钟时间在标准化厨房中进行用料准备与生产制作。

图3-5-1 鸡茸宴菜肴成品图

任务分析

鸡茸宴具有营养丰富、晶莹剔透、鲜香爽滑的特点，是南宁家宴传统名菜，由中国古代传统羹汤演化而来。鸡茸宴又称"鸡茸燕"，起源于明末清初，是用多种名贵食材调配成的一种"羹汤"。其选用的燕窝是传统的名贵食品之一。随着时代的发展，由于燕窝价格昂贵、食材稀缺，人们就用物美价廉的猪皮替代，又不断改良创新，加入了银耳、马蹄、鸡胸肉、

项目三　桂东南风味菜

鸡蛋等营养丰富的食材。为完成鸡茸宴菜肴的生产制作任务，传承鸡茸宴制作技艺，学员不仅要按照"任务描述"中的相关要求做好相关准备，还应认真分析、高质量完成此菜肴生产制作所涉及的几个核心问题。

1. 此菜是"羹"吗？＿＿＿＿＿＿＿＿＿＿＿＿＿＿＿＿＿＿。
2. 猪皮应经过什么环节处理才能用于配菜？＿＿＿＿＿＿＿＿＿＿＿＿。
3. 刀工处理时，各用料的规格标准是什么？＿＿＿＿＿＿＿＿＿＿＿＿。
4. 调味方面需要注意哪些？＿＿＿＿＿＿＿＿＿＿＿＿＿。
5. 此菜宜采用什么样的器皿盛装？＿＿＿＿＿＿＿＿＿＿＿＿＿。

任务实施

一、主辅原料及调料准备

主辅料：油发猪皮 150 g，鸡胸肉 150 g（见图 3-5-2）；火腿 20 g，马蹄 50 g，鸡蛋两枚，生姜片 20 g，香葱 20 g，香菜 15 g（见图 3-5-3）。

调味料：鸡清汤 800 mL，料酒 25 mL，鸡油 10 g，精盐 2 g，胡椒粉 0.5 g，生粉 50 g（见图 3-5-4）。

图 3-5-2　主料

图 3-5-3　辅料

二、生产制作流程识读

油泼猪皮→刀工处理→煮制→调制鸡胸肉糊→出锅装盘。

三、生产制作注意事项识读

1. 油发猪皮在发制过程中吸收了大量的油脂，加工时需要运用多种方法将其所含的油脂尽可能清洗干净。
2. 传统鸡茸宴不使用有色调味料，在制作中可根据市场需求适当创新。
3. 鸡胸肉、鸡蛋清等入锅前要用高汤稀释成糊状，倒入锅中时，要不断搅动，以防结块。

图 3-5-4　调味料

四、依据步骤进行生产制作

步骤1：将油发猪皮放入冷水锅中，加入料酒、姜片、香葱（见图3-5-5），加热煮至油发猪皮充分吸水至回软捞出，用清水反复清洗掉猪皮中的油脂（见图3-5-6）。

图3-5-5　焯水

图3-5-6　漂洗

步骤2：将涨发回软的油发猪皮切成黄豆大小的丁，鸡胸肉剁成茸，马蹄切成约0.3 cm见方的小丁，火腿切成末，香菜切碎备用（见图3-5-7），将鸡蛋的蛋清取出打散备用。

步骤3：锅中加入清水、料酒、姜片、香葱，将猪皮丁放入煮约六分钟后加入少许盐，继续煮约4分钟至猪皮软滑捞出；火腿末放入蒸锅（见图3-5-8），蒸熟后取出放凉备用。

图3-5-7　辅料加工成品

图3-5-8　蒸制火腿末

步骤4：鸡胸肉放入碗中，加入少许鲜汤、蛋清、精盐、料酒、鸡精（见图3-5-9），抓拌均匀备用。

步骤5：将鸡清汤倒入锅中，加入猪皮丁，放入盐、料酒煮至沸腾后放入马蹄丁，待再次沸腾用生粉水勾成流芡后加入鸡胸肉，待鸡肉熟后加入蛋清，一边加一边推动，待沸腾后用麻油、鸡油、胡椒粉调味（见图3-5-10），装盘后撒入香菜末及火腿末，趁热上菜即成。

图3-5-9　调制鸡胸肉糊

图3-5-10　煮制

任务6 邕城甜酒鱼

任务目标

1. 搜集邕城甜酒鱼的历史文化及传承等信息,并能恰当选用合格的用料。
2. 掌握邕城甜酒鱼生产制作步骤、成品质量标准和安全操作注意事项。
3. 能依据任务实施说明做好各项准备,独立完成邕城甜酒鱼菜肴的生产制作。
4. 能遵守厨房"6S"或"4D"管理规定,团结协作,进行文明操作,确保卫生安全、形象优良、品质满意、损耗降低、效率提升。

任务描述

依据图3-6-1所示"邕城甜酒鱼菜肴成品图",独立生产制作一份符合标准的菜肴。具体要求如下:

1. 生产制作前认真研读并熟记邕城甜酒鱼标准菜谱中所列的用料、制作流程、注意事项、制作过程等内容,观看甜酒鱼菜肴制作过程图片与操作视频,完成任务分析相关问题。
2. 用恪尽职守、责重如山的职业精神,专心致志、博大精深的专业精神,精益求精、追求卓越的工匠精神,在实训指导老师的监护下,用90分钟时间在标准化厨房中进行用料准备与生产制作。

图3-6-1 邕城甜酒鱼菜肴成品图

任务分析

邕城甜酒鱼具有色泽酱红、咸鲜酸甜、外脆里嫩的特点,是南宁地区的一道经典名菜,始创于20世纪90年代南环路上的一家老牌餐厅。甜酒是这道菜的灵魂,是用蒸熟的江米(糯米)拌上酒醅(一种特殊的微生物酵母)发酵而成的一种甜米酒。其酿制工艺简单,口味香甜醇美,含酒精量极低,因此深受人们的喜爱。我国用优质糙糯米酿酒,已有千年以上的历史。为完成邕城甜酒鱼菜肴的生产制作任务，传承邕城甜酒鱼制作技艺，学员不仅要按照"任务描述"中的相关要求做好相关准备，还应认真分析、高质量完成此菜肴生产制作所涉及的几个核心问题。

1. 传统的甜酒鱼一般选用什么种类的鱼制作？＿＿＿＿＿＿＿＿＿＿＿＿＿＿＿＿＿＿＿＿＿。
2. 制作此菜的甜酒含有米粒吗？＿＿＿＿＿＿＿＿＿＿＿＿＿＿＿＿＿＿＿＿＿＿＿＿＿。
3. 鱼需要炸制吗？为什么？＿＿＿＿＿＿＿＿＿＿＿＿＿＿＿＿＿＿＿＿＿＿＿＿＿＿。
4. 调制酱汁时使用什么淀粉质量较佳？＿＿＿＿＿＿＿＿＿＿＿＿＿＿＿＿＿＿＿＿＿。
5. 此菜宜采用什么样的器皿盛装？＿＿＿＿＿＿＿＿＿＿＿＿＿＿＿＿＿＿＿＿＿＿＿。

🚀 任务实施

一、主辅原料及调料准备

主辅料：罗非鱼1条约750 g（见图3-6-2）；鸡蛋黄1个，脆炸粉100 g，嫩豌豆20 g，生粉30 g（见图3-6-3）。

调味料：甜酒150 g，白糖50 g，白米醋15 mL，番茄沙司40 g，低度三花酒10 mL，盐4 g，生抽10 mL，蚝油10 g，料酒10 mL，生姜20 g，香葱20 g（见图3-6-4）。

图3-6-2 主料

图3-6-3 辅料

二、生产制作流程识读

宰杀鱼刀工处理→腌制→拍粉→炸制→制作甜酒汁→淋汁成菜。

三、生产制作注意事项识读

1. 刀工处理时，可以根据造型需要自行选择处理方式。
2. 鱼肉可以选用拍粉，也可以选用挂脆皮糊的方式进行加工。

图3-6-4 调味料

3. 一定要在上菜前制作甜酒汁，确保上菜时温热，直接舀取适量汁浇在炸好的鱼上即可。

四、依据步骤进行生产制作

步骤1：将鱼鳞刮净后去掉鱼鳃及内脏，然后将鱼腹部中的黑色物质清洗干净（见图3-6-5），运用兰花刀法在鱼身两侧各剞4刀（见图3-6-6），生姜切片备用。

图3-6-5　鱼腹洗净

图3-6-6　剞花刀

步骤2：将鱼放在盆中，加入香葱、姜片、料酒、食盐等（见图3-6-7），用手将香葱、姜片、料酒、食盐抓拌均匀后涂抹在鱼身内外腌制约10分钟备用。

步骤3：将鱼取出，用厨房纸吸干表面的水分，然后用蛋黄涂抹全身，再均匀地裹上脆炸粉（见图3-6-8），放在干净的盛器中备用。

图3-6-7　腌制

图3-6-8　拍粉

步骤4：锅烧热后加入约1.5 L食用油，待油温升至六成热，拎起鱼尾垂直悬于锅上，不断将热油浇在鱼身上，使花刀处的鱼肉绽开，定型后将鱼放入油锅内，中火炸5分钟至熟，转大火炸1分钟至其表面酥脆捞出（见图3-6-9）；嫩豌豆焯水至熟备用。

步骤5：将锅洗净后加入番茄沙司稍炒后加入适量清水，然后放甜酒、白糖、白米醋、低度三花酒等，煮至沸腾后加入生抽、蚝油、盐调味，然后用生粉勾芡，淋明油后浇在鱼身上（见图3-6-10），撒熟嫩豌豆即成。

图3-6-9　炸制

图3-6-10　淋酱汁

任务7 老友鱼

任务7 老友鱼

任务目标

1. 搜集老友鱼的历史文化及传承等信息，并能恰当选用合格的用料。
2. 掌握老友鱼生产制作步骤、成品质量标准和安全操作注意事项。
3. 能依据任务实施说明做好各项准备，独立完成老友鱼菜肴的生产制作。
4. 能遵守厨房"6S"或"4D"管理规定，团结协作，进行文明操作，确保卫生安全、形象优良、品质满意、损耗降低、效率提升。

任务描述

依据图3-7-1所示"老友鱼菜肴成品图"，独立生产制作1份符合标准的菜肴。具体要求如下：

1. 生产制作前认真研读并熟记老友鱼标准菜谱中所列的用料、制作流程、注意事项、制作过程等内容，观看老友鱼菜肴制作过程图片与操作视频，完成任务分析相关问题。

2. 用恪尽职守、责重如山的职业精神，专心致志、博大精深的专业精神，精益求精、追求卓越的工匠精神，在实训指导老师的监护下，用90分钟时间在标准化厨房中进行用料准备与生产制作。

图3-7-1 老友鱼菜肴成品图

任务分析

老友鱼具有口味酸辣、开胃解腻、外脆里嫩的特点，是南宁地区的一道创新经典菜肴。此菜借鉴了制作老友粉的相关调辅原料，加以改进创制而来。酸辣椒与鱼本来就是天然好搭档，老友鱼配料之酸辣椒用的是二荆条辣椒，辣度适中，再加上上好品质的酸笋和豆豉，熬煮出浓郁的酸辣味，把酸和辣巧妙地结合在一起，形成了酸辣可口的独特风味，夏天吃了开胃，冬天吃了驱寒。为完成老友鱼菜肴的生产制作任务，传承老友鱼制作技艺，学员不仅要按照"任务描述"中的相关要求做好相关准备，还应认真分析、高质量完成此菜肴生产制作所涉及的几个核心问题。

1. 老友鱼用的调辅料与老友粉调辅料有哪些共同之处？＿＿＿＿＿＿＿＿＿＿＿＿＿＿＿＿＿＿＿＿＿＿＿＿＿＿＿＿。

2. 刀工处理时，鱼的加工标准是什么？＿＿＿＿＿＿＿＿＿＿＿＿＿＿＿＿＿＿＿＿＿。

3. 此菜成菜时采用什么烹调技法？＿＿＿＿＿＿＿＿＿＿＿＿＿＿＿＿＿＿＿＿＿＿。

4. 烹调中需要注意什么？＿＿＿＿＿＿＿＿＿＿＿＿＿＿＿＿＿＿＿＿＿＿＿＿。

5. 此菜宜采用什么样的器皿盛装？＿＿＿＿＿＿＿＿＿＿＿＿＿＿＿＿＿＿＿＿。

🚀 任务实施

一、主辅原料及调料准备

主辅料：鲈鱼 1 条约 750 g（见图 3-7-2）；红泡椒 3 个约 40 g，西红柿 1 个约 100 g，香酥豌豆 20 g，蒜粒 2 个，生姜 10 g，酸笋 30 g，香菜 1 棵（见图 3-7-3）。

调味料：豆豉 5 g，老友酱 150 g，猪油 20 g，红油 30 mL，鸡粉 3 g，生抽 7 mL，白糖 2 g，蚝油 10 g，香油 2 mL（见图 3-7-4）。

图 3-7-2　主料

图 3-7-3　辅料

二、生产制作流程识读

宰杀鱼→配料切制→炸鱼→煸炒酸笋→焖制→出锅装盘。

三、生产制作注意事项识读

1. 制作此菜的主料可以根据消费者的需求提供多种鲜活鱼类，例如罗非鱼、草鱼、黄鱼等。

图 3-7-4　调味料

2. 炸鱼时油温应控制在七至八成热，油温过低鱼肉内部水分容易外溢，导致鱼肉不鲜嫩。

3. 酱汁呈流芡状即可，制作中可依据需要适当用水淀粉勾芡。

四、依据步骤进行生产制作

步骤1：将鲈鱼刮净鱼鳞，去鱼鳃、去内脏后清洗干净，在鱼身两侧各斜剞4刀一字花刀（见图3-7-5），后用厨房纸将表面的水吸干备用；红泡椒切成寸段，西红柿去瓤后切成小丁（见图3-7-6），蒜粒、生姜分别切小丁，香菜切段，酸笋切丝。

图3-7-5　剞花刀

图3-7-6　西红柿切丁

步骤2：锅烧热后加入约1.5 L的食用油，待油温升至六成热后将处理好的鱼放入油锅中炸制（见图3-7-7），至两面微微发黄取出备用。

步骤3：锅烧热后将酸笋丝放入锅中用小火煸炒（见图3-7-8），煸炒至表面水分收干后盛出备用。

图3-7-7　炸制

图3-7-8　煸炒酸笋

步骤4：锅中放入猪油和红油，加入姜丁、蒜粒、豆豉和酸泡椒炒香，再放入老友酱、酸笋、番茄丁翻炒均匀，加入刚好没过鱼的水量，把炸好的鱼放入锅中（见图3-7-9），再加入鸡粉、蚝油、白糖、生抽、香油调味，然后小火焖煮8分钟左右至酱汁浓稠，然后将鱼捞起盛入盘中，将剩余的酱汁倒入，撒上香酥豌豆及香菜段（见图3-7-10），趁热上桌即成。

图3-7-9　烧制

图3-7-10　点缀

任务 8 梧州纸包鸡

任务 8 梧州纸包鸡

任务目标

1. 搜集梧州纸包鸡的历史文化及传承等信息,并能恰当选用合格的用料。
2. 掌握梧州纸包鸡生产制作步骤、成品质量标准和安全操作注意事项。
3. 能依据任务实施说明做好各项准备,独立完成梧州纸包鸡菜肴的生产制作。
4. 能遵守厨房"6S"或"4D"管理规定,团结协作,进行文明操作,确保卫生安全、形象优良、品质满意、损耗降低、效率提升。

任务描述

依据图 3-8-1 所示"梧州纸包鸡菜肴成品图",独立生产制作一份符合标准的菜肴。具体要求如下:

1. 生产制作前认真研读并熟记梧州纸包鸡标准菜谱中所列的用料、制作流程、注意事项、制作过程等内容,观看梧州纸包鸡菜肴制作过程图片与操作视频,完成任务分析相关问题。

2. 用恪尽职守、责重如山的职业精神,专心致志、博大精深的专业精神,精益求精、追求卓越的工匠精神,在实训指导老师的监护下,用 90 分钟时间在标准化厨房中进行用料准备与生产制作。

图 3-8-1 梧州纸包鸡菜肴成品图

任务分析

梧州纸包鸡具有鲜嫩甘滑、原汁原味、醇厚不腻的特点,是《中国菜——中华人民共和国省籍地域经典名菜名筵录》中所列的广西十大经典名菜之一。1916 年粤西楼在梧州创立,以纸包鸡作为酒楼的招牌菜,从此名声大振、客似云来,成为岭南饮食业中首屈一指的"金漆招牌"。2012 年,非物质文化遗产传承人创立新粤西楼,永保纸包鸡制作技艺不变。2016

年"纸包鸡制作技艺"入选广西非物质文化遗产名录。为完成梧州纸包鸡菜肴的生产制作任务,传承梧州纸包鸡制作技艺,学员不仅要按照"任务描述"中的相关要求做好相关准备,还应认真分析、高质量完成此菜肴生产制作所涉及的几个核心问题。

1. 对包鸡的纸有什么特别要求吗？_____。
2. 应选用什么品种的鸡为佳？_____。
3. 刀工处理时，鸡肉应切成什么形状？_____。
4. 腌制鸡肉时会用到哪些调味料？_____。
5. 如何鉴别鸡肉是否炸制成熟？_____。

🚀 任务实施

一、主辅原料及调料准备

主辅料：三黄鸡 1 只约 1 200 g，香葱 50 g，水发香菇 60 g（见图 3-8-2），纸包鸡专用纸 12 张（见图 3-8-3）。

调味料：豆腐乳 1 块，红曲粉 10 g，蚝油 15 g，胡椒粉 2 g，甜面酱 20 g，黄豆酱 20 g，十三香 3 g，蒜汁 10 g，三花酒 30 mL，姜汁 10 g（见图 3-8-4）。

图 3-8-2　主辅料

图 3-8-3　纸包鸡专用纸

二、生产制作流程识读

调制腌汁→刀工处理→腌制→浸炸玉扣纸→包制→炸制→出锅装盘。

三、生产制作注意事项识读

1. 纸包鸡专用纸包裹鸡肉前需要用四成热的食用油浸炸后再使用，以增强纸的韧性，在包制过程中不容易碎。

2. 包裹时封口要紧，也可用牙签将封口处固定，避免在油炸过程中，由于蒸汽的作用把它撑散。

图 3-8-4　调味料

3. 由于鸡块较大，炸制过程中要不断翻动，确保受热均匀。

四、依据步骤进行生产制作

步骤1：将鸡去骨剁成块后用凹盆盛装（见图3-8-5），香葱切段、水发香菇切片备用；鸡肉中加入十三香、汾酒、姜汁、蒜蓉、蚝油、香麻油、生抽、白糖、白胡椒粉、香葱末等调味料，将鸡块拌匀腌制约20分钟（见图3-8-6）。

图3-8-5　凹盆装

图3-8-6　加调料腌制

步骤2：锅烧热后，往锅里面倒入花生油，油烧到五成热的时候，将玉扣纸放入油锅当中炸制，不断把纸压入油当中，使其均匀受热吸油（见图3-8-7），炸好后捞出沥干油备用。

步骤3：玉扣纸炸好之后，均匀地铺在案板上，加入葱段、香菇、鸡肉，用玉扣纸包裹成长方块（见图3-8-8），包裹好之后再用牙签把封口处固定。

图3-8-7　包鸡专用纸过油

图3-8-8　包制

步骤4：锅烧热后加入约1.5L食用油，烧至五至六成油温时，将包好的纸包鸡逐个放进油锅中浸炸。炸制过程中不断翻动，用油不断地浇淋，并用勺子、筷子等用具将原料压入油锅中（见图3-8-9），使其受热均匀。炸制8分钟左右鸡肉即可熟透，然后捞出沥干油后装盘（见图3-8-10），趁热上桌即可。

图3-8-9　浸炸

图3-8-10　装盘

任务9 岑溪豆腐酿

任务9 岑溪豆腐酿

任务目标

1. 搜集岑溪豆腐酿的风味特点及用料特色等信息，并能恰当选用合格的用料。
2. 掌握岑溪豆腐酿生产制作步骤、成品质量标准和安全操作注意事项。
3. 能依据任务实施说明做好各项准备，独立完成岑溪豆腐酿菜肴的生产制作。
4. 能遵守厨房"6S"或"4D"管理规定，团结协作，进行文明操作，确保卫生安全、形象优良、品质满意、损耗降低、效率提升。

任务描述

依据图3-9-1所示"岑溪豆腐酿菜肴成品图"，独立生产制作一份符合标准的菜肴。具体要求如下：

1. 生产制作前认真研读并熟记岑溪豆腐酿标准菜谱中所列的用料、制作流程、注意事项、制作过程等内容，观看岑溪豆腐酿菜肴制作过程图片与操作视频，完成任务分析相关问题。

2. 用恪尽职守、责重如山的职业精神，专心致志、博大精深的专业精神，精益求精、追求卓越的工匠精神，在实训指导老师的监护下，用90分钟时间在标准化厨房中进行用料准备与生产制作。

图3-9-1 岑溪豆腐酿菜肴成品图

任务分析

岑溪豆腐酿具有外形美观、皮黄肉嫩、鲜美适口、滋味醇香的特点，是梧州岑溪市的一道特色名菜，家家户户，逢年过节、招待客人必不可少。因此，岑溪当地有句名言："亲戚来，劏鸡磨豆腐咯。"据古籍记载，豆腐起源于淮南，相传是淮南王刘安的门客在八公山下炼丹时偶然发现。后来推广到汉族民间，到宋元时期，已成为十分普遍的食物，是百姓餐桌上的美味佳肴。为完成岑溪豆腐酿菜肴的生产制作任务，传承岑溪豆腐酿制作技艺，学员不仅要按照"任务描述"中的相关要求做好相关准备，还应认真分析、高质量完成此菜肴生产制作所涉及的几个核心问题。

1. 此菜宜选用石膏豆腐还是卤水豆腐？_____。
2. 此菜的成菜烹调技法是什么？_____。
3. 制作馅料有什么特别的讲究吗？_____。
4. 宜使用什么样的锅进行烹调？_____。
5. 在调味上有什么特别的讲究？_____。

任务实施

一、主辅原料及调料准备

主辅料：水豆腐1大块约750 g（见图3-9-2）；五花肉200 g，韭菜200 g，生姜10 g，香葱8 g，酥花生仁40 g，红甜椒30 g，鸡蛋液30 g（见图3-9-3）。

调味料：精盐3 g，生抽15 mL，五香粉1 g，腐乳汁12 g，鸡粉2 g，蚝油20 g（见图3-9-4）。

图3-9-2　主料

图3-9-3　辅料

二、生产制作流程识读

炒花生仁→刀工处理→调制馅料→酿豆腐→煎焖→出锅装盘。

三、生产制作注意事项识读

1. 酿制豆腐的时候，豆腐片厚度以0.7 cm为宜。由于水豆腐较嫩，酿制时要小心，注意手法，防止破裂。
2. 煎的时候，火力不宜过大，应时刻关注锅中原料的变化，适当控制火力，并适当添加食用油，随时翻动，不要煎煳。
3. 依各地区消费者口味需求，可以适当增减配料，提升市场创新能力。

图3-9-4　调味料

四、依据步骤进行生产制作

步骤1：将五花肉清洗干净后放在砧板上去皮（见图3-9-5），然后将肉剁碎，韭菜切碎，生姜切成末，花生仁剁碎（见图3-9-6），红椒切小丁，香葱切成葱花备用。

图3-9-5　五花肉去皮

图3-9-6　花生仁剁碎

步骤2：将剁碎的五花肉放入盆中，加入韭菜碎、生姜末、花生碎、鸡蛋液，用盐、生抽、五香粉、腐乳、鸡粉调味，搅拌上劲（见图3-9-7）备用。

步骤3：在砧板上抹少许食用油，将一半水豆腐切成厚度约0.7 cm的片放在砧板上，将肉馅铺在豆腐片上，约占整个豆腐片面积的2/3（见图3-9-8），然后将剩余的水豆腐切成大小一致的片盖在表面。

图3-9-7　调制馅料

图3-9-8　瓤制

步骤4：锅烧热后倒入30 mL食用油，将酿好的豆腐放进锅中煎至表面焦黄，然后翻面煎另一面（见图3-9-9），待另一面也煎至焦黄时加入与豆腐表面齐平的清水，用盐、生抽、蚝油调味，盖上盖子焖煮，待汤汁浓稠收少时加入红椒丁、葱花（见图3-9-10），盖上盖子再焖煮约1分钟即可出锅。

图3-9-9　煎制

图3-9-10　加入调料焖煮

项目三 桂东南风味菜

任务10 梧州葱油鱼

任务10 梧州葱油鱼

 任务目标

1. 搜集梧州葱油鱼的风味特点及用料特色等信息，并能恰当选用合格的用料。
2. 掌握梧州葱油鱼生产制作步骤、成品质量标准和安全操作注意事项。
3. 能依据任务实施说明做好各项准备，独立完成梧州葱油鱼菜肴的生产制作。
4. 能遵守厨房"6S"或"4D"管理规定，团结协作，进行文明操作，确保卫生安全、形象优良、品质满意、损耗降低、效率提升。

 任务描述

依据图3-10-1所示"梧州葱油鱼菜肴成品图"，独立生产制作一份符合标准的菜肴。具体要求如下：

1. 生产制作前认真研读并熟记梧州葱油鱼标准菜谱中所列的用料、制作流程、注意事项、制作过程等内容，观看梧州葱油鱼菜肴制作过程图片与操作视频，完成任务分析相关问题。

2. 用恪尽职守、责重如山的职业精神，专心致志、博大精深的专业精神，精益求精、追求卓越的工匠精神，在实训指导老师的监护下，用90分钟时间在标准化厨房中进行用料准备与生产制作。

图3-10-1 梧州葱油鱼菜肴成品图

任务分析

梧州葱油鱼具有外酥里嫩、油香四溢、葱香味浓、入口香甜的特点，是一道具有几十年历史的梧州佳肴。梧州位于珠江上游，是浔江、桂江、西江三江交汇处，是一座有着2 100多年历史的岭南名城，有"百年商埠"和"小香港"之美誉。梧州风味美食、特色佳肴令食家称赏叫绝，无愧于"食在梧州"的美誉。制作此菜需要先把鱼用油炸好，再把热气腾腾的葱油往上面一浇，刺啦一声简直就是自带香气的一条鱼。为完成梧州葱油鱼菜肴的生产制作任务，传承梧州葱油鱼制作技艺，学员不仅要按照"任务描述"中的相关要求做好相关准备，还应认真分析、高质量完成此菜肴生产制作所涉及的几个核心问题。

1. 制作此菜的葱是选用哪个品种？＿＿＿＿＿＿＿＿＿＿＿＿＿＿＿＿＿＿＿＿＿＿。
2. 鱼炸制前需挂糊还是拍粉？＿＿＿＿＿＿＿＿＿＿＿＿＿＿＿＿＿＿＿＿＿＿。
3. 炸制鱼的温度宜控制在多少摄氏度？＿＿＿＿＿＿＿＿＿＿＿＿＿＿＿＿＿＿。
4. 勾芡时宜使用什么原料制成的淀粉？＿＿＿＿＿＿＿＿＿＿＿＿＿＿＿＿＿＿。
5. 此菜宜采用什么样的器皿盛装？＿＿＿＿＿＿＿＿＿＿＿＿＿＿＿＿＿＿＿＿。

任务实施

一、主辅原料及调料准备

主辅料：草鱼1条约1 000 g（见图3-10-2）；鸡蛋黄2只，生粉100 g，生姜30 g，香葱80 g（见图3-10-3）。

调味料：料酒15 mL，低度白酒10 mL，盐4 g，白糖20 g，蜂蜜20 g（见图3-10-4）。

图3-10-2　主料

图3-10-3　辅料

二、生产制作流程识读

杀鱼→刀工→腌制→拍粉→炸鱼→煮汁→上桌淋汁成菜。

三、生产制作注意事项识读

1. 炸制时注意控制油温，防止油温过低造成鱼肉中的水分过多蒸发，导致肉质变老，炸制时的油温宜控制在七至八成热。

2. 由于此菜含有较多的汤汁，盛菜时宜选用14寸或比整鱼稍大点的鱼盘和能盛装200 g调味汁的容器。

3. 鱼、调味汁分别盛装，一起上桌后再将调味汁浇淋于鱼上，提醒客人尽快食用，方能体现此菜外酥里嫩的风味特色。

图3-10-4　调味料

四、依据步骤进行生产制作

步骤1：将草鱼去鳞、去鳃、去内脏后清洗干净，将鱼腹部向上放在砧板上，用刀将鱼胸骨与鱼背脊的骨头切断（见图3-10-5），使之能平趴于碟子中（见图3-10-6）；15 g生姜切丝，15 g生姜切小丁，50 g香葱切成葱花备用。

图3-10-5　切开鱼胸骨

图3-10-6　刀工处理后的形态

步骤2：将宰杀好的草鱼放在盆中，加入香葱、姜丝、料酒、食盐，用手将香葱、姜丝、料酒、食盐抓拌均匀后涂抹在鱼身内外腌制（见图3-10-7），腌制约10分钟取出备用。

步骤3：将取出的鱼用厨房纸吸干表面水分，用蛋黄涂抹全身，再均匀地撒上生粉（见图3-10-8），使其全身都沾裹上厚厚一层粉。

图3-10-7　腌制

图3-10-8　拍粉

步骤4：锅烧热后加入约2L食用油，待油温升至五成热，将鱼提起，鱼头放入油锅内炸30秒后，再将整条鱼放入油锅中炸约8分钟，炸至鱼身金黄色后捞起（见图3-10-9）。

步骤5：将锅洗净后加入少许油，放入姜粒炒香，再加入白酒、清水、盐、白糖、蜂蜜等搅拌均匀，煮开，锅中加入少许水淀粉成流芡状，然后加入香葱煮开，放入少许明油后盛入酱汁盅中与炸好的鱼一起上桌，然后淋在鱼身上（见图3-10-10），趁热食用。

图3-10-9　炸制

图3-10-10　淋汁

任务11 柚皮渡笋扣

任务 11 柚皮渡笋扣

任务目标

1. 搜集柚皮渡笋扣的风味特点及用料特色等信息,并能恰当选用合格的用料。
2. 掌握柚皮渡笋扣生产制作步骤、成品质量标准和安全操作注意事项。
3. 能依据任务实施说明做好各项准备,独立完成柚皮渡笋扣菜肴的生产制作。
4. 能遵守厨房"6S"或"4D"管理规定,团结协作,进行文明操作,确保卫生安全、形象优良、品质满意、损耗降低、效率提升。

任务描述

依据图3-11-1所示"柚皮渡笋扣菜肴成品图",独立生产制作一份符合标准的菜肴。具体要求如下:

1. 生产制作前认真研读并熟记柚皮渡笋扣标准菜谱中所列的用料、制作流程、注意事项、制作过程等内容,观看柚皮渡笋扣菜肴制作过程图片与操作视频,完成任务分析相关问题。

2. 用恪尽职守、责重如山的职业精神,专心致志、博大精深的专业精神,精益求精、追求卓越的工匠精神,在实训指导老师的监护下,用90分钟时间在标准化厨房中进行用料准备与生产制作。

图 3-11-1 柚皮渡笋扣菜肴成品图

任务分析

柚皮渡笋扣具有色泽酱红、口味咸鲜、八渡笋脆口、柚子皮绵软的特点,是首届桂菜"三名工程"(名店、名师、名菜)评审出的二十道广西名菜之一,也是《中国菜——中华人民共和国省籍地域经典名菜名筵录》中所列的广西十大经典名菜之一。此菜是一道以八渡笋和柚子皮为原料制成的特色菜肴,与川菜里的开水白菜有得一比,都属于极简主义的精致菜

项目三　桂东南风味菜

肴。此菜雅称"雪盖五层楼",最早见于乾隆年间(1736—1795 年),距今已有 200 多年历史。为完成柚皮渡笋扣菜肴的生产制作任务,传承柚皮渡笋扣制作技艺,学员不仅要按照"任务描述"中的相关要求做好相关准备,还应认真分析、高质量完成此菜肴生产制作所涉及的几个核心问题。

1. 渡笋是鲜货还是干制品？_____。
2. 加工柚皮的关键是什么？_____。
3. 如何给柚皮上色？_____。
4. 蒸制时间大约需要多久？_____。
5. 此菜宜采用什么样的器皿盛装？_____。

🚀 任务实施

一、主辅原料及调料准备

主辅料:柚皮 2 个,干八渡笋 250 g(见图 3-11-2);水发香菇 1 个,上海青 12 棵,枸杞 3 g(见图 3-11-3)。

调味料:生油 6 mL,蚝油 15 g,高汤 500 mL,盐 2 g,生粉 10 g(见图 3-11-4)。

图 3-11-2　主料

图 3-11-3　辅料

二、生产制作流程识读

浸泡入渡笋→高汤煨制→刀工处理→焖制→调味→出锅装盘。

三、生产制作注意事项识读

1. 用柚子皮做菜,需削去青黄的表皮,这层表皮硬且涩不能吃,留下白色的"棉絮"内层,并且需要反复焯水、浸泡以去除其所含的青涩味方可用于配菜。

2. 干八渡笋需在水中浸泡足够时间,以便充分吸收水分,才能达到回软效果。

3. 调制味汁时需要考虑高汤的咸淡度,避免造成成品质量欠佳的问题。

图 3-11-4　调味料

四、依据步骤进行生产制作

步骤1：干八渡笋放入清水中浸泡（见图3-11-5），浸泡12小时以上至笋干充分吸水；柚子皮片去青黄的表皮及内瓤，放进锅中煮（见图3-11-6），煮约3分钟捞出放入清水中浸泡，再挤干水分，重复这一步骤至没有苦味备用。

图3-11-5　浸泡八渡笋

图3-11-6　柚子皮焯水

步骤2：烧开高汤，放入泡好的竹笋，用高汤煨约10分钟后，加进挤干水分的柚皮一起煨（见图3-11-7），煮约5分钟后捞出放凉备用。

步骤3：将煮好的八渡笋及柚皮分别改刀成0.4 cm、宽8 cm长的条，扣碗底放1个水发好的香菇，八渡笋及柚皮条各分3组分别摆入扣碗中（见图3-11-8），淋入煮笋原汤，放入蒸笼中火蒸30分钟。

图3-11-7　高汤煨制

图3-11-8　装入扣碗

步骤4：将上海青焯水至熟，枸杞也放入锅中烧煮后捞出备用；到蒸制时间后将其取出，扣碗翻过来扣入扣菜碟中，并将原汁浇入锅里（见图3-11-9），然后用熟上海青围边。

步骤5：原汁加生抽、蚝油、盐等调味料调味，用生粉水勾芡后淋在菜肴上（见图3-11-10），将煮熟的枸杞放在菜肴中央点缀即可。

图3-11-9　原汁滗入锅中

图3-11-10　淋芡汁

任务12 酸甜扣肉

任务12 酸甜扣肉

任务目标

1. 搜集酸甜扣肉的风味特点及用料特色等信息,并能恰当选用合格的用料。
2. 掌握酸甜扣肉生产制作步骤、成品质量标准和安全操作注意事项。
3. 能依据任务实施说明做好各项准备,独立完成酸甜扣肉菜肴的生产制作。
4. 能遵守厨房"6S"或"4D"管理规定,团结协作,进行文明操作,确保卫生安全、形象优良、品质满意、损耗降低、效率提升。

任务描述

依据图3-12-1所示"酸甜扣肉菜肴成品图",独立生产制作一份符合标准的菜肴。具体要求如下:

1. 生产制作前认真研读并熟记酸甜扣肉标准菜谱中所列的用料、制作流程、注意事项、制作过程等内容,观看酸甜扣肉菜肴制作过程图片与操作视频,完成任务分析相关问题。

2. 用恪尽职守、责重如山的职业精神,专心致志、博大精深的专业精神,精益求精、追求卓越的工匠精神,在实训指导老师的监护下,用90分钟时间在标准化厨房中进行用料准备与生产制作。

图3-12-1 酸甜扣肉菜肴成品图

任务分析

酸甜扣肉具有形态美观、肥而不腻、皮香肉软、咸酸甜香的特点,是玉林地区的传统名菜,在当地的酒席上,似乎都将扣肉列为必备菜品。此菜作为玉林酒席的一个重要组成部分,在玉林人心目中有很高的地位,逢年过节也是玉林人家的必备佳品。经过焯、涂、炸、泡、切、拌、码、蒸、扣等众多步骤,扣肉才完整展现在家家户户的餐桌上,成为各种过年菜中的翘楚。为完成酸甜扣肉菜肴的生产制作任务，传承酸甜扣肉制作技艺，学员不仅要按照"任务描述"中的相关要求做好相关准备，还应认真分析、高质量完成此菜肴生产制作所涉及的几个核心问题。

1. 酸甜扣肉与荔浦芋扣肉有什么区别与联系？＿＿＿＿＿＿＿＿＿＿＿＿＿＿＿＿＿＿＿。
2. 选料上有什么特别的要求？＿＿＿＿＿＿＿＿＿＿＿＿＿＿＿＿＿＿＿＿＿＿＿＿。
3. 刀工处理时，肉片的厚度应为多少？＿＿＿＿＿＿＿＿＿＿＿＿＿＿＿＿＿＿＿。
4. 此菜宜采用什么样的器皿盛装？＿＿＿＿＿＿＿＿＿＿＿＿＿＿＿＿＿＿＿＿＿。
5. 蒸制时宜选用什么样的蒸汽？＿＿＿＿＿＿＿＿＿＿＿＿＿＿＿＿＿＿＿＿＿＿。

🚀 任务实施

一、主辅原料及调料准备

主辅料：五花肉1块约900 g（见图3-12-2）；香葱25 g，生姜片20 g，生姜块15 g，红葱头3个，蒜粒10 g，酸藠头4个（见图3-12-3）。

调味料：咸酸梅3个，咸柠檬1/2个，白醋20 mL，米酒10 mL，食盐20 g，料酒15 mL，白糖40 g，甘草粉2 g，腐乳2块，生抽15 mL，蚝油20 g，胡椒粉1 g，冰花梅酱25 g，海鲜酱15 g，柱候酱15 g，老抽3 mL（见图3-12-4）。

图3-12-2　主料

图3-12-3　辅料

二、生产制作流程识读

煮肉→扎孔上料→炸肉→浸泡→刀工处理→调汁→炒酱料→装碗蒸制→扣出装盘。

三、生产制作注意事项识读

1. 可以根据消费者饮食习惯和营养搭配需要，在装盘时搭配一些时令蔬菜围边，既起到美观的作用，又起到营养均衡作用。

图3-12-4　调味料

2. 扣肉汁中有多种咸味调味料，在调制时需要恰当控制各味料比例。

四、依据步骤进行生产制作

步骤1：冷水锅中加入姜片、料酒及五花肉浸煮（见图3-12-5），熟透时捞出。将表面的水擦干后用扣肉针扎孔，然后抹上食盐及白醋（见图3-12-6），晾干表面水分备用。

图3-12-5　浸煮成熟

图3-12-6　抹盐及白醋

步骤2：锅烧热后倒入食用油约1.5L，待油温上升至六成热时，放入初步处理好的肉炸至表皮充分爆裂后捞起（见图3-12-7），放到热水中浸泡至表皮松软。

步骤3：将红葱头、生姜、蒜粒分别剁碎装入盛器中，酸藠头、咸酸梅去核后剁碎，咸柠檬去籽后剁碎放在另一盛器中，10 g香葱切成葱花（见图3-12-8）。

图3-12-7　炸制

图3-12-8　辅料刀工成品

步骤4：锅中放入少许油，放入红葱头末、生姜末、蒜粒末炒香，沿锅边加入米酒，放入酸藠头碎、咸酸梅碎、咸柠檬碎稍炒，加入白糖、甘草粉、腐乳、生抽、蚝油、胡椒粉、冰花梅酱、海鲜酱、柱候酱、老抽等调味调好的酱炒香，加入少许清水煮透盛出（见图3-12-9）。

步骤5：将肉切成0.8cm左右厚度的片放入盆中，倒入扣肉汁拌匀，然后皮向下装入扣碗中（见图3-12-10），放入蒸锅中蒸40分钟至肉软糯取出扣入碟中，撒上少许葱花即可。

图3-12-9　熬制酱汁

图3-12-10　扣入碟中

任务13 沙田柚皮酿

任务13 沙田柚皮酿

任务目标

1. 搜集沙田柚皮酿的风味特点及用料特色等信息,并能恰当选用合格的用料。
2. 掌握沙田柚皮酿生产制作步骤、成品质量标准和安全操作注意事项。
3. 能依据任务实施说明做好各项准备,独立完成沙田柚皮酿菜肴的生产制作。
4. 能遵守厨房"6S"或"4D"管理规定,团结协作,进行文明操作,确保卫生安全、形象优良、品质满意、损耗降低、效率提升。

任务描述

依据图3-13-1所示"沙田柚皮酿菜肴成品图",独立生产制作一份符合标准的菜肴。具体要求如下:

1. 生产制作前认真研读并熟记沙田柚皮酿标准菜谱中所列的用料、制作流程、注意事项、制作过程等内容,观看沙田柚皮酿菜肴制作过程图片与操作视频,完成任务分析相关问题。

2. 用恪尽职守、责重如山的职业精神,专心致志、博大精深的专业精神,精益求精、追求卓越的工匠精神,在实训指导老师的监护下,用90分钟时间在标准化厨房中进行用料准备与生产制作。

图3-13-1 沙田柚皮酿菜肴成品图

任务分析

沙田柚皮酿具有色泽金黄、香味嫩滑、鲜而不腻的特点,是玉林地区的风味特色菜肴。制作这道菜肴的关键是选用玉林容县所产的沙田柚的皮为主料进行加工,容县沙田柚果皮细薄,肉质细嫩、化渣,风味浓郁,品质优,便于长途携带,能较长时间保存不变质。此菜既可作为小吃,也可作为下饭菜。2014年,沙田柚皮酿经广西壮族自治区人民政府同意,入选第五批自治区级非物质文化遗产项目名录。为完成沙田柚皮酿菜肴的生产制作任务，传承沙田柚皮酿制作技艺，学员不仅要按照"任务描述"中的相关要求做好相关准备，还应认真分析、高质量完成此菜肴生产制作所涉及的几个核心问题。

1. 沙田柚果皮的外皮需要削掉吗？＿＿＿＿＿＿＿＿＿＿＿＿＿＿＿＿＿。
2. 调制馅料需要注意什么？＿＿＿＿＿＿＿＿＿＿＿＿＿＿＿＿＿＿。
3. 此菜采用什么烹调方法成菜？＿＿＿＿＿＿＿＿＿＿＿＿＿＿＿。
4. 如何去除柚子皮的苦味？＿＿＿＿＿＿＿＿＿＿＿＿＿＿＿＿＿。
5. 此菜宜采用什么样的器皿盛装？＿＿＿＿＿＿＿＿＿＿＿＿＿＿。

🚀 任务实施

一、主辅原料及调料准备

主辅料：沙田柚皮 2 个，五花肉 150 g（见图 3-13-2）；韭菜 60 g，香葱 10 g，鸡蛋 1 个，蒜粒 2 颗，生姜 8 g（见图 3-13-3）。

调味料：精盐 4 g，生抽 15 mL，蚝油 20 g，胡椒粉 1 g，生粉 10 g（见图 3-13-4）。

图 3-13-2　主料

图 3-13-3　辅料

二、生产制作流程识读

处理柚皮→去柚皮苦味→刀工→调制馅心→酿制→蒸制→炒酱汁→淋汁成菜。

三、生产制作注意事项识读

1. 制作柚子皮酿的柚子，选择皮厚在 2 cm 以上为宜。
2. 经过煮后的柚子皮用清水反复浸泡，每次泡约 5 分钟后捞起再反复挤干，直至其苦味消失。
3. 制作馅心的肉一定要半肥瘦才有爆汁的口感；调制味汁时可以根据消费者的饮食习惯自由搭配。

图 3-13-4　调味料

四、依据步骤进行生产制作

步骤1：用刀削去沙田柚皮带有苦涩味的表层（见图3-13-5），把内部比较粗糙的瓤再去掉一点，留下白白的果皮，再切成大小适中的三角块，然后用小刀从一条边开一个口（见图3-13-6），放置于盛器中备用。

图3-13-5　去掉柚子表皮

图3-13-6　开口

步骤2：把切好的柚子皮放进开水锅中，加入少许盐，煮约2分钟后，捞出放在清水中浸泡，再把柚子皮捞起，用手把柚子皮中的水挤出（见图3-13-7），再用清水浸泡，再次用手挤出水，再换清水浸泡，重复以上步骤，直到柚子皮中的苦味消失。

步骤3：将五花肉去皮后剁碎，韭菜切碎，生姜切末，蒜粒切末（见图3-13-8）。

图3-13-7　挤出水分

图3-13-8　辅料刀工成品

步骤4：将切好的五花肉碎、韭菜碎、生姜末放在盆中，加入鸡蛋液、精盐、生抽、蚝油、胡椒粉、生粉搅拌成肉馅后瓤入馅心（见图3-13-9），放入锅中蒸制约10分钟取出。

步骤5：另外起锅，烧热后加入适量的油，下蒜末炒香，然后加入清水约80 mL，加入生抽、蚝油调味，待沸腾后用水淀粉勾芡成流芡状，加入少许葱花，淋在菜肴上（见图3-13-10），趁热上桌即成。

图3-13-9　瓤制馅料

图3-13-10　淋汁

任务14 玉林炒牛料

任务 14 玉林炒牛料

任务目标

1. 搜集玉林炒牛料的风味特点及用料特色等信息，并能恰当选用合格的用料。
2. 掌握玉林炒牛料的生产制作步骤、成品质量标准和安全操作注意事项。
3. 能依据任务实施说明做好各项准备，独立完成玉林炒牛料菜肴的生产制作。
4. 能遵守厨房"6S"或"4D"管理规定，团结协作，进行文明操作，确保卫生安全、形象优良、品质满意、损耗降低、效率提升。

任务描述

依据图 3-14-1 所示"玉林炒牛料菜肴成品图"，独立生产制作一份符合标准的菜肴。具体要求如下：

1. 生产制作前认真研读并熟记玉林炒牛料标准菜谱中所列的用料、制作流程、注意事项、制作过程等内容，观看玉林炒牛料菜肴制作过程图片与操作视频，完成任务分析相关问题。

2. 用恪尽职守、责重如山的职业精神，专心致志、博大精深的专业精神，精益求精、追求卓越的工匠精神，在实训指导老师的监护下，用 90 分钟时间在标准化厨房中进行用料准备与生产制作。

图 3-14-1　玉林炒牛料菜肴成品图

任务分析

玉林炒牛料具有爽脆甘美、震齿顿颌、汁味回香的特点，是玉林地区传统风味名菜。牛料是玉林人的通俗叫法，其实就是牛杂。玉林人吃牛料历史悠久，最早可以追溯到秦汉时期。玉林传统的牛料中的牛肠都是不挤牛肠油的，这就是玉林牛料的特点，玉林人认为牛肠油是一种美味，特别有营养，如果处理干净就没有牛料的灵气了，牛油还能助消化，吃饱不胀气。为完成玉林炒牛料菜肴的生产制作任务,传承玉林炒牛料制作技艺,学员不仅要按照"任务描述"中的相关要求做好相关准备,还应认真分析、高质量完成此菜肴生产制作所涉及的几个核心问题。

1. 牛料是指什么原料?_____。
2. 玉林牛料原料选择包括哪三大要素?_____。
3. 刀工处理原料会用到哪些刀法?_____。
4. 炒制牛料时用什么火力?_____。
5. 调料运用上有什么特点?_____。

🚀 任务实施

一、主辅原料及调料准备

主辅料:牛腱子肉 200 g,牛百叶 200 g,牛直肠 250 g,牛毛肚 200 g,牛黄喉 200 g(见图 3-14-2);青蒜 100 g,芹菜 100 g,冬笋 80 g,酸菜 80 g,葱白 50 g,生姜 30 g(见图 3-14-3)。

调味料:盐 4 g,白糖 7 g,味精 3 g,鸡粉 5 g,生抽 20 mL,蚝油 30 g,老抽 4 mL,腌柠檬 1 个,料酒 35 mL,胡椒粉 3 g(见图 3-14-4)。

图 3-14-2 主料

图 3-14-3 辅料

二、生产制作流程识读

刀工处理→腌制牛料→调制酱汁→烹调垫底配菜→滑油→烹调→装盘成菜。

三、生产制作注意事项识读

1. 销售时牛料种类可以根据顾客喜好搭配。
2. 牛料以内脏为主,异味较重,初步加工时需要反复清洗干净。

图 3-14-4 调味料

3. 炒制时需要猛火快炒,调味要快,才有利于保持原料脆嫩的口感。

四、依据步骤进行生产制作

步骤1：将清洗干净的牛腱肉、黄喉分别切片（见图3-14-5），牛百叶、牛直肠、牛毛肚、牛黄喉分别切成小块，青蒜茎切斜刀厚片，青蒜叶和芹菜分别切段，生姜切丝，腌柠檬去籽后剁蓉（见图3-14-6），葱白切段，冬笋和酸菜分别切粗丝。

图3-14-5 切制黄喉

图3-14-6 剁腌柠檬

步骤2：将牛料用盐、料酒、柠檬蓉、生抽、鸡粉、味精、胡椒粉等腌制；用盐、白糖、味精、蚝油、生抽、老抽、胡椒粉、柠檬蓉、料酒、生粉等调成酱汁（见图3-14-7）。

步骤3：锅中放少许油，放入冬笋丝和酸菜丝后，用适量的生抽、蚝油调味翻炒装入盛菜碟中（见图3-14-8）。

图3-14-7 调制酱汁

图3-14-8 炒制酸菜冬笋成品

步骤4：锅烧热后放入约150 mL食用油，放入腌制好的牛直肠、牛黄喉、牛毛肚、牛百叶、牛肉炒制，炒至六成熟后捞出滤掉多余的油（见图3-14-9）。

步骤5：锅烧热后放入少许食用油，将姜丝、葱白段、青蒜段炒香加入酱汁稍炒后，加入炒好的冬笋丝、酸菜丝、牛料及芹菜段、青蒜段，大火翻炒至熟，加入淀粉水勾芡、淋少许明油出锅装碟（见图3-14-10），趁热上桌即成。

图3-14-9 捞出牛料

图3-14-10 炒制装盘

任务15　红旭糟炒大肠

任务15　红旭糟炒大肠

任务目标

1. 搜集红旭糟炒大肠的风味特点及用料特色等信息，并能恰当选用合格的用料。
2. 掌握红旭糟炒大肠的生产制作步骤、成品质量标准和安全操作注意事项。
3. 能依据任务实施说明做好各项准备，独立完成红旭糟炒大肠菜肴的生产制作。
4. 能遵守厨房"6S"或"4D"管理规定团结协作进行文明操作，确保卫生安全、形象优良、品质满意、损耗降低、效率提升。

任务描述

依据图3-15-1所示"红旭糟炒大肠菜肴成品图"，独立生产制作一份符合标准的菜肴。具体要求如下：

1. 生产制作前认真研读并熟记红旭糟炒大肠标准菜谱中所列的用料、制作流程、注意事项、制作过程等内容，观看红旭糟炒大肠菜肴制作过程图片与操作视频，完成任务分析相关问题。

2. 用恪尽职守、责重如山的职业精神，专心致志、博大精深的专业精神，精益求精、追求卓越的工匠精神，在实训指导老师的监护下，用90分钟时间在标准化厨房中进行用料准备与生产制作。

图3-15-1　红旭糟炒大肠菜肴成品图

任务分析

红旭糟炒大肠具有微酸、微辣、微甜、糟香厚重的特点，是桂平金田县的特色菜。此菜主要选用桂平香辣糟与猪大肠制作而成，酸糟辣椒是金田镇的特产，分白糟和红糟两种，用白糟或红糟腌制辣椒，放入坛中封好，一个月就成了美味的酸辣糟了。红旭糟是酸辣糟的一种，用香辣糟来炒大肠，既可去除大肠的腥臭味，又能让肉质滑脆嫩，是桂平市接待宾客的特色风味佳肴。为完成红旭糟炒大肠菜肴的生产制作任务，传承红旭糟炒大肠制作技艺，学员不仅要按照"任务描述"中的相关要求做好相关准备，还应认真分析、高质量完成此菜肴生产制作所涉及的几个核心问题。

1. 香辣糟主要使用什么原料加工而成？_____。
2. 使用香辣糟制作菜肴时需要注意什么？_____。
3. 对大肠进行初加工时需要注意什么？_____。
4. 烹调过程中可以通过哪些处理方式去除肥肠的异味？_____
_____。
5. 此菜宜采用什么样的器皿盛装？_____。

任务实施

一、主辅原料及调料准备

主辅料：猪大肠 800 g（见图 3-15-2）；红旭糟酸辣椒 100 g，香葱 40 g，生姜 30 g，蒜粒 15 g，面粉 100 g，生粉 15 g（见图 3-15-3）。

调味料：红旭糟汁 50 g，精盐 22 g，料酒 50 mL，白糖 7 g，生抽 4 mL，蚝油 10 g，鸡精 3 g，味精 1 g，胡椒粉 1.5 g，香油 2 mL（见图 3-15-4）。

图 3-15-2　主料

图 3-15-3　辅料

二、生产制作流程识读

清洗肥肠→刀工处理→肥肠焯水→烹调→出锅装盘。

三、生产制作注意事项识读

1. 配菜可以根据顾客饮食习惯，适当添加芹菜、青椒、红椒等原料。
2. 肥肠异味较重，要彻底清洗干净方可用于烹调，在预熟处理过程中可根据成菜质量要求选择煮制时间。鸡精、味精等增鲜调味料，可根据顾客的饮食习惯做出调整。

图 3-15-4　调味料

四、依据步骤进行生产制作

步骤1：将肥肠放在盆中，放入料酒20 mL、面粉50 g、食用盐10 g，反复揉搓肥肠（见图3-15-5），然后用清水漂洗干净，重复以上步骤一次后用剪刀将肥肠内的白色脂肪剪干净（见图3-15-6），再次清洗备用。

图3-15-5　揉搓肥肠

图3-15-6　剪去脂肪

步骤2：将肥肠切成块状（见图3-15-7），红旭糟辣椒切2 cm左右的段，香葱的葱白部分切4 cm左右的段，生姜15 g切片，生姜15 g及蒜粒分别切末。

步骤3：锅内倒入约1.5 L清水，加入料酒15 mL、葱青、生姜片，放入切好的肥肠，大火加热至肥肠八成熟后捞出（见图3-15-8），用清水冲洗干净后备用。

图3-15-7　肥肠切块

图3-15-8　肥肠焯水

步骤4：锅烧热后加入适量的食用油，放入切好的姜末、蒜末、葱段、红旭糟辣椒炒至香味浓郁后，放入初步处理好的肥肠，然后从锅边淋入料酒，翻炒约1分钟用白糖、生抽、蚝油、鸡精、味精、胡椒粉调味，加入红旭糟汁收汁（见图3-15-9），淋入少许生粉水，加入香油稍翻炒即可出锅装盘（见图3-15-10）。

图3-15-9　炒制

图3-15-10　出锅装盘

任务16　覃塘酿莲藕

任务16　覃塘酿莲藕

任务目标

1. 搜集覃塘酿莲藕的风味特点及用料特色等信息，并能恰当选用合格的用料。
2. 掌握覃塘酿莲藕的生产制作步骤、成品质量标准和安全操作注意事项。
3. 能依据任务实施说明做好各项准备，独立完成覃塘酿莲藕菜肴的生产制作。
4. 能遵守厨房"6S"或"4D"管理规定，团结协作，进行文明操作，确保卫生安全、形象优良、品质满意、损耗降低、效率提升。

任务描述

依据图3-16-1所示"覃塘酿莲藕菜肴成品图"，独立生产制作一份符合标准的菜肴。具体要求如下：

1. 生产制作前认真研读并熟记覃塘酿莲藕标准菜谱中所列的用料、制作流程、注意事项、制作过程等内容，观看覃塘酿莲藕菜肴制作过程图片与操作视频，完成任务分析相关问题。

2. 用恪尽职守、责重如山的职业精神，专心致志、博大精深的专业精神，精益求精、追求卓越的工匠精神，在实训指导老师的监护下，用90分钟时间在标准化厨房中进行用料准备与生产制作。

图3-16-1　覃塘酿莲藕菜肴成品图

任务分析

覃塘酿莲藕具有形态美观、口味咸鲜、口感软糯的特点，是贵港覃塘地区的一道特色名菜。莲藕在覃塘种植有1 000多年历史，古岭南有一民谚："陆川猪，北流鱼，贵县莲藕，高州薯薯。"可见覃塘莲藕已有千年历史。覃塘莲藕藕皮虾肉色，藕身粗短、略扁圆，有一纵沟，剖面肉厚、色泽透亮，煮食粉而无渣、汤色红亮浓香。酿莲藕已经成为当地人家喻户晓的家常菜肴，也是年节必备菜肴。为完成覃塘酿莲藕菜肴的生产制作任务，传承覃塘酿莲藕制作技艺，学员不仅要按照"任务描述"中的相关要求做好相关准备，还应认真分析、高质量完成此菜肴生产制作所涉及的几个核心问题。

1. 覃塘莲藕有何特色？_____。
2. 如何防止莲藕去皮后产生"褐变"？_____。
3. 制作此菜涉及哪些工艺环节？_____。
4. 调味方面需要注意哪些？_____。
5. 切片装盘时如何确保食品安全？_____。

任务实施

一、主辅原料及调料准备

主辅料：覃塘莲藕 1 节大约 750 g（见图 3-16-2）；猪骨 500 g，去皮绿豆 100 g，糯米 100 g，姜片 20 g，香葱 20 g，八角 2 个约 6 g，陈皮 1 小块约 4 g，生粉 12 g（见图 3-16-3）。

调味料：精盐 2 g，生抽 5 mL，蚝油 15 g，味精 1 g，鸡精 2 g，白糖 10 g，胡椒粉 1 g，芝麻油 2 mL，料酒 20 mL，老抽 3 mL（见图 3-16-4）。

图 3-16-2　主料

图 3-16-3　辅料

二、生产制作流程识读

焯水→调制馅料→酿制→高压锅压制→切片装盘→调汁→淋汁成菜。

三、生产制作注意事项识读

1. 酿制莲藕时，需要将莲藕的孔洞塞满，并用竹签将切下的部分固定好，防止在蒸制过程中馅料外露。

2. 用高压锅压制时需根据莲藕的大小恰当控制好时间，防止压不透或者过于软烂，以口感软糯为佳。

图 3-16-4　调味料

3. 切制压好的莲藕需要进行改刀时，要用熟食砧板及专用刀具切制。

四、依据步骤进行生产制作

步骤1：锅中加入清水，放入猪骨、姜片、香葱、料酒等（见图3-16-5），加热至沸腾，并不断撇掉表面的浮沫（见图3-16-6），待猪骨五成熟捞出，清洗干净备用。

图3-16-5　冷水锅下锅焯水

图3-16-6　撇掉浮沫

步骤2：将去皮绿豆、糯米用清水浸泡，约2小时后捞出滤干水分，用盐、生抽、鸡精、味精、胡椒粉拌匀（见图3-16-7）。

步骤3：将莲藕去蒂、去皮后在顶端1/10处的位置斜切下一块，将调好味的馅料瓢入莲藕的孔洞中（见图3-16-8），然后将切斜部分盖上，用竹签固定备用。

图3-16-7　馅料调味

图3-16-8　融入孔中

步骤4：高压锅中放入2L左右的清水后，放入焯水后的猪骨及姜片、八角、陈皮、葱白、料酒等，然后放入酿好的莲藕（见图3-16-9），盖上盖子，大火烧开后，上汽后压25分钟左右至莲藕软糯取出备用。

步骤5：莲藕切片摆放在碟中，取原汤100 mL，用蚝油、老抽、盐、生抽、胡椒粉、白糖调味后勾芡，淋入香油，将汁淋在莲藕上（见图3-16-10），撒上葱花，趁热上桌即可。

图3-16-9　高压锅压制

图3-16-10　淋汁

项目四　滨海风味菜

学习目标

素质目标：

1. 具有争做新时代学习型人才的行动意识。
2. 具备较强的时间管理能力和诚实守信的可贵品质。
3. 拥有与时俱进、终身学习的理念。
4. 具备较强的工匠精神。
5. 拥有自主学习、刻苦钻研、追求卓越的奋斗精神。
6. 具有节能环保与可持续发展意识。

知识目标：

1. 了解滨海风味所含区域及各区域的风味特色。
2. 了解滨海风味各代表性菜肴的影响力。
3. 熟悉滨海风味各代表性菜肴的质量标准及传承情况。
4. 掌握滨海风味各代表性菜肴生产制作注意事项。
5. 掌握滨海风味各代表性菜肴的原料选用与调味用料构成。

能力目标：

1. 能合理对小组成员的实训角色进行恰当的分工，并能做好组织、统筹、监督、检查的工作。
2. 能较好运用鲜活原料初加工技术、刀工技术，依据任务实施相关要求做好滨海风味各代表性菜肴的准备工作。
3. 能够制作滨海风味各代表性菜肴，且工艺流程、制作步骤、成菜质量等符合相关标准。
4. 通过对相关知识的学习与滨海风味各代表性菜肴的深入实训，结合餐饮行业的发展方向及市场需求，能进行创新、开发适销对路的新滨海风味菜。

滨海风味菜导读

滨海风味指的是指钦州、北海与防城港等地的菜品。

一、钦州地区及菜肴情况

钦州，别称"钦城"，是岭南广府文化重要的兴盛地、传承地之一，广府民系下分支的钦廉民系正是世居于此。汉族与壮族是钦州的世居民族。钦州市是"一带一路"南向通道陆海节点城市，北部湾城市群的重要城市，拥有深水海港——钦州港。钦州市总面积1.09万平方千米，下辖2个区、2个县。根据第七次人口普查数据，截至2020年11月1日0时，钦州市常住人口为330.22万人。

一方水土养一方人。在钦州，除了各式海鲜，还有数不尽的钦州特色风味菜肴，钦州是四大名海产的"家乡"，也是海鲜爱好者的"天堂"。如果说柳州是躺在"螺蛳壳"上的城市，那钦州就是躺在"蚝壳"上的城市——钦州是中国南方最大的天然蚝苗采苗和人工养殖基地。猪脚粉（见图4-0-1）是钦州名气大的名小吃，民间流传着"钦州猪脚粉，神仙也打滚"的俗语。大寺猪肚巴是钦州大寺特色食品，运用传统祖传技艺，选用优质土家猪肚肠，加糖、盐、香料等腌制，经切、晒、炸、焖等多道工序，用柴火铁锅烧制，制作出的色泽金黄、味香醇美、香而不腻、软而有劲、油滑爽口的特色猪肚巴，营养丰富，美味可口。钦州瓜皮（见图4-0-2）是精选钦州本地特有的短藤白皮黄瓜用传统方法秘制加工而成，具有嫩脆爽口、酸中带甜、香味浓、口感好、增加食欲等特点，风味独特，是钦州市著名地方特产，是钦州市民家庭常备的风味小吃和馈赠亲友的佳品。钦州代表性菜肴有酥炸大蚝、瓜皮炒螺肉、蟹黄扒鱼肚、清蒸豆腐圆、蚝油柚皮鸭等。

图4-0-1　钦州猪脚粉

图4-0-2　钦州瓜皮

二、北海地区及菜肴情况

北海,别称"珠城",是古代"海上丝绸之路"的重要始发港,是国家历史文化名城、广西北部湾经济区重要组成城市,是中国西部地区唯一列入全国首批14个进一步对外开放的沿海城市,也是中国西部唯一同时拥有深水海港、全天候机场、高速铁路和高速公路的城市。北海总面积0.34万平方千米,下辖3个区、1个县。根据第七次人口普查数据,截至2020年11月1日0时,北海市常住人口为185.32万人。

北海这座美丽的海滨城市濒临盛产海鲜珍品的北部湾,改革开放吸引了四面八方的外来人员,也带来了各种各样的饮食习惯,使北海饮食文化更加丰富多彩。北海侨港的美食既保留了当地饮食习惯,又融入了越南风味,华灯初上,侨港美食街摩肩接踵、人声鼎沸。海鲜、糖水、越南卷粉(见图4-0-3)、蟹仔粉等上百种风味被店家以最好的姿态呈现出来,极度诱惑你的味蕾。北海人无所不吃,"天上飞的、地上跑的、水里游的"皆可入馔。风味上随气候而变化,讲究新鲜、滑嫩、脆爽,带有浓厚的南国特色。北海代表性菜肴有沙蟹汁豆角、杂鱼豆腐汤、蒜蓉蒸沙虫、盐花煎沙箭鱼、生焖官垌鱼、姜葱炒花蟹等。

图4-0-3　越南卷筒粉

三、防城港地区及菜肴情况

防城港,别称"渔城""港城",被誉为"西南门户、边陲明珠",是中国氧都、金花茶之乡、白鹭之乡、长寿之乡,广西侨乡之一。防城港市作为21世纪"海上丝绸之路"的重要始发港、中国—东盟自贸区的主要门户、广西北部湾经济区的核心城市,在"一带一路"中居于特殊重要地位。防城港市总面积0.62万平方千米,下辖2个区、1个县,代管1个县级市。根据第七次人口普查数据,截至2020年11月1日0时,防城港市常住人口为104.61万人。

防城港由于临近海岸,其饮食尤以海鲜最有特色,又由于受近邻越南菜的影响,许多菜品都颇有东南亚风味。在市中心的兴港大道,靠近港口的渔港路和鱼峰路,有许多风味餐厅和小吃摊,是游客到防城港品美食必去之地。"一餐无鱼味不香,三日无虾心中慌。"足以证明防城港人对海味的情有独钟,同时也是防城港饮食文化的真实写照。防城港人对海味的依恋,体现在无论走到哪里、走出多远,都喜欢带上一些本土特色,几斤虾米、几包沙虫或干鱿鱼等,在做菜的时候加上少许作为调料,以解乡思。防城港代表性菜肴有富贵杂鱼汤（见图4-0-4）、盐水对虾、爆炒风肠、沙姜焗八爪鱼、越式炒香螺、鸡丝蜇皮、椒盐濑尿虾、葵花扣鲜鱿、水鱼炖翅、东兴榄子焖沙箭鱼等。

图 4-0-4　富贵杂鱼汤

任务1 酥炸大蚝

任务1 酥炸大蚝

任务目标

1. 搜集酥炸大蚝的风味特点及用料特色等信息,并能恰当选用合格的用料。
2. 掌握酥炸大蚝的生产制作步骤、成品质量标准和安全操作注意事项。
3. 能依据任务实施说明做好各项准备,独立完成酥炸大蚝菜肴的生产制作。
4. 能遵守厨房"6S"或"4D"管理规定,团结协作,进行文明操作,确保卫生安全、形象优良、品质满意、损耗降低、效率提升。

任务描述

依据图4-1-1所示"酥炸大蚝菜肴成品图",独立生产制作一份符合标准的菜肴。具体要求如下:

1. 生产制作前认真研读并熟记酥炸大蚝标准菜谱中所列的用料、制作流程、注意事项、制作过程等内容,观看酥炸大蚝菜肴制作过程图片与操作视频,完成任务分析相关问题。
2. 用恪尽职守、责重如山的职业精神,专心致志、博大精深的专业精神,精益求精、追求卓越的工匠精神,在实训指导老师的监护下,用90分钟时间在标准化厨房中进行用料准备与生产制作。

图4-1-1 酥炸大蚝菜肴成品图

任务分析

酥炸大蚝具有金黄油亮、酥香美味的特点,是首届桂菜"三名工程"(名店、名师、名菜)评审出的二十道广西名菜之一,也是钦州地区传统的风味名菜之一。钦州湾茅尾海是全国最大的大蚝天然苗种繁殖区,苗种品质优良,其他海区不可媲美。钦州市是著名的"中国大蚝之乡",目前全市沿海浅滩涂插养及深水吊养的大蚝面积约有14万亩[1]。大蚝是钦州四大

---

[1] 1亩≈666.7平方米。

名贵海产（另外三个分别是对虾、青蟹和石斑鱼）之一。为完成酥炸大蚝菜肴的生产制作任务，传承酥炸制作技艺，学员不仅要按照"任务描述"中的相关要求做好相关准备，还应认真分析、高质量完成此菜肴生产制作所涉及的几个核心问题。

1. 如何取生蚝肉？ _____。
2. 怎么调制脆浆糊？ _____。
3. 炸制时的油温多少摄氏度为宜？ _____。
4. 炸制时需要注意什么？ _____。
5. 盛装此菜时可以用吸油纸垫底？ _____。

🚀 任务实施

一、主辅原料及调料准备

主辅料：大蚝 8 只（见图 4-1-2）；生菜 100 g（见图 4-1-3）。

调味料：精盐 2 g，白胡椒粉 0.5 g，姜汁酒 8 mL，味椒盐 10 g，脆浆粉 100 g（见图 4-1-4）。

图 4-1-2　主料

图 4-1-3　辅料

二、生产制作流程识读

取蚝肉→焯水→吸干水分→刀工→炸制→装盘成菜。

三、生产制作注意事项识读

1. 大蚝肉入沸水锅中，焯水时不宜焯得过熟，避免鲜味和滑嫩的口感丧失。

2. 煨便于挂脆皮糊，腌制后的蚝肉要用厨房纸或干净的毛巾吸干水分。

3. 炸制时要掌握好火候避免过火，炸制过程可分两次进行，第一次炸达到八成熟，第二次炸要求达到外皮酥脆。

4. 取出的蚝肉可以挤入适量的柠檬汁，起到增香去腥的效果。

图 4-1-4　调味料

四、依据步骤进行生产制作

步骤1：将大蚝放在流水下一边冲洗一边刷（见图4-1-5），直到将表面的泥沙清洗干净，然后将生蚝平的一面向上放置，用开生蚝专用刀从生蚝宽度较窄的一面深入，将生蚝的壳撬开（见图4-1-6），取出蚝肉，清水稍微清洗；将生菜放在熟食砧板上切成细丝备用。

图4-1-5　刷洗生蚝

图4-1-6　开生蚝壳

步骤2：锅中放入清水约1L，待烧沸腾后将大蚝肉放入锅中（见图4-1-7），焯水至五成熟后捞出，迅速用凉水降温备用。

步骤3：用干净的毛巾将大蚝肉表面的水分吸收干（见图4-1-8），然后放入盛器中，加盐、白胡椒粉、姜汁酒，腌制3分钟左右。

图4-1-7　入锅焯水

图4-1-8　吸干表面水分

步骤4：锅烧热后放入适量的食用油，油烧至六成热时，将生蚝逐只放入脆浆内，蘸上脆浆后放入油锅中炸至八成熟捞出，再将油烧至八成热，将初炸过的生蚝再下锅复炸（见图4-1-9），炸至金黄色后捞出沥油备用。

步骤5：将生菜丝垫在盛菜碟中，然后在生菜丝上摆上炸好的大蚝肉（见图4-1-10），搭配上味椒盐即可上桌。

图4-1-9　入油锅复炸

图4-1-10　装盘

任务2 瓜皮炒螺肉

任务2 瓜皮炒螺肉

任务目标

1. 搜集瓜皮炒螺肉的风味特点及用料特色等信息，并能恰当选用合格的用料。
2. 掌握瓜皮炒螺肉生产制作步骤、成品质量标准和安全操作注意事项。
3. 能依据任务实施说明做好各项准备，独立完成瓜皮炒螺肉菜肴的生产制作。
4. 能遵守厨房"6S"或"4D"管理规定，团结协作，进行文明操作，确保卫生安全、形象优良、品质满意、损耗降低、效率提升。

任务描述

依据图 4-2-1 所示"瓜皮炒螺肉菜肴成品图"，独立生产制作一份符合标准的菜肴。具体要求如下：

1. 生产制作前认真研读并熟记瓜皮炒螺肉标准菜谱中所列的用料、制作流程、注意事项、制作过程等内容，观看瓜皮炒螺肉菜肴制作过程图片与操作视频，完成任务分析相关问题。

2. 用恪尽职守、责重如山的职业精神，专心致志、博大精深的专业精神，精益求精、追求卓越的工匠精神，在实训指导老师的监护下，用 90 分钟时间在标准化厨房中进行用料准备与生产制作。

图 4-2-1 瓜皮炒螺肉菜肴成品图

任务分析

瓜皮炒螺肉具有口感爽脆、口味咸鲜微辣、香味浓郁的特点，是钦州地区传统的风味名菜之一。制作这道菜是运用了当地的特产原料——钦州黄瓜皮。相传，清道光年间，粤籍御厨锦长青选用钦州黄瓜精心酿制黄瓜皮，深受皇室喜爱，从此钦州黄瓜皮声名鹊起，堪称岭南一绝，与荔枝、龙眼一起被誉为"岭南三宝"，素有"宁舍鱼翅燕窝，不舍钦州瓜皮"之

项目四　滨海风味菜

说。为完成瓜皮炒螺肉菜肴的生产制作任务，传承瓜皮炒螺肉制作技艺，学员不仅要按照"任务描述"中的相关要求做好相关准备，还应认真分析、高质量完成此菜肴生产制作所涉及的几个核心问题。

1. 瓜皮是用什么品种的黄瓜加工成的？＿＿＿＿＿＿＿＿＿＿＿＿＿＿＿＿＿＿。
2. 优质钦州黄瓜皮的特征是什么？＿＿＿＿＿＿＿＿＿＿＿＿＿＿＿＿＿＿。
3. 刀工处理时瓜皮的成型规格标准是什么？＿＿＿＿＿＿＿＿＿＿＿＿＿＿＿＿。
4. 调味需要注意哪些？＿＿＿＿＿＿＿＿＿＿＿＿＿＿＿＿。
5. 对螺肉品种的选择有什么特殊的要求？＿＿＿＿＿＿＿＿＿＿＿＿＿＿＿＿。

🚀 任务实施

一、主辅原料及调料准备

主辅料：螺肉 300 g（见图 4-2-2）；钦州瓜皮 100 g，小米椒 2 个，香葱 20 g，生姜 10 g，蒜粒 3 颗，水淀粉 15 g（见图 4-2-3）。

调味料：料酒 20 mL，生抽 8 mL，蚝油 20 g，白糖 6 g，鸡粉 2 g，香油 2 mL（见图 4-2-4）。

图 4-2-2　主料

图 4-2-3　辅料

二、生产制作流程识读

清洗→刀工处理→焯水→炒制→出锅装盘。

三、生产制作注意事项识读

1. 由于瓜皮较咸，加工前应用清水漂洗掉多余的盐分。
2. 刀工处理时，如果瓜皮的"心"存在较多的籽，可以适当去除。
3. 螺肉一般含有较多的泥沙，烹调前要反复清洗干净。
4. 烹调时咸味调味料需要慎重使用，避免咸味过重。

图 4-2-4　调味料

四、依据步骤进行生产制作

步骤1：将钦州瓜皮放进盛器中加入清水，轻轻反复揉搓（见图4-2-5），洗掉表面的盐分；另用盛器放入螺肉，加入清水，反复清洗干净（见图4-2-6），捞出控水。

图4-2-5　清洗瓜皮

图4-2-6　清洗螺肉

步骤2：将清洗干净的钦州瓜皮放在砧板上切成小丁（见图4-2-7），红辣椒切成0.5cm左右的辣椒圈，生姜和蒜粒分别切成末，香葱切成葱花。

步骤3：起锅烧水，待水沸腾后放入料酒，然后放入清洗干净的螺肉，稍微焯水后捞出（见图4-2-8），控净水分备用。

图4-2-7　瓜皮切丁

图4-2-8　螺肉焯水

步骤4：锅烧热后放油，放入姜末、蒜末、辣椒圈爆炒香，把切好的瓜皮丁放入锅中翻炒（见图4-2-9），待香味浓郁时，放入螺肉，沿锅边淋入料酒后继续翻炒约30秒，然后用生抽、蚝油、白糖、鸡粉调味，继续翻炒约30秒，用水淀粉勾薄芡（见图4-2-10），出锅前淋入香油、撒入葱花即可出锅装盘。

图4-2-9　炒瓜皮

图4-2-10　勾芡

任务3 蟹黄扒鱼肚

任务3 蟹黄扒鱼肚

任务目标

1. 搜集蟹黄扒鱼肚的风味特点及用料特色等信息,并能恰当选用合格的用料。
2. 掌握蟹黄扒鱼肚生产制作步骤、成品质量标准和安全操作注意事项。
3. 能依据任务实施说明做好各项准备,独立完成蟹黄扒鱼肚菜肴的生产制作。
4. 能遵守厨房"6S"或"4D"管理规定,团结协作,进行文明操作,确保卫生安全、形象优良、品质满意、损耗降低、效率提升。

任务描述

依据图4-3-1所示"蟹黄扒鱼肚菜肴成品图",独立生产制作一份符合标准的菜肴。具体要求如下:

1. 生产制作前认真研读并熟记蟹黄扒鱼肚标准菜谱中所列的用料、制作流程、注意事项、制作过程等内容,观看蟹黄扒鱼肚菜肴制作过程图片与操作视频,完成任务分析相关问题。

2. 用恪尽职守、责重如山的职业精神,专心致志、博大精深的专业精神,精益求精、追求卓越的工匠精神,在实训指导老师的监护下,用90分钟时间在标准化厨房中进行用料准备与生产制作。

图 4-3-1 蟹黄扒鱼肚菜肴成品图

任务分析

蟹黄扒鱼肚具有柔软松泡、口感绵糯滋滑、鲜香味浓郁的特点,是钦州地区传统海鲜菜肴的代表性菜肴之一。钦州有长长的海岸线,海水没有污染,海产品质量好。在钦州,吃海鲜是主流,十家餐馆至少有七家有海鲜,钦州人隔个三五天不吃海鲜就心里痒痒的。海鲜不需要过多的烹饪技巧,强调的是海鲜之"鲜",讲究"天然去雕饰",品尝及时胜过厨房用心打磨。为完成蟹黄扒鱼肚菜肴的生产制作任务，传承蟹黄扒鱼肚制作技艺，学员不仅要按照"任务描述"中的相关要求做好相关准备，还应认真分析、高质量完成此菜肴生产制作所涉及的几个核心问题。

1. 蟹黄是从什么蟹中取出的原料？_____。
2. 涨发干制鱼肚宜选用什么方法？_____。
3. "扒"制技法有什么特点？_____。
4. 调味时需要注意什么？_____。
5. 此菜宜采用什么样的器皿盛装？_____。

任务实施

一、主辅原料及调料准备

主辅料：干蟹鱼肚 150 g（见图 4-3-2）；蟹黄 30 g（见图 4-3-3）。

调味料：高汤 200 mL，香葱 20 g，姜片 20 g，胡椒粉 2 g，生粉 2 g，姜粒 5 g，盐 12 g，蚝油 5 g，料酒 5 mL（见图 4-3-4）。

图 4-3-2 主料

图 4-3-3 辅料

二、生产制作流程识读

涨发鱼肚→鱼肚回软→刀工处理→煮发（漂洗）→烹调→出锅装盘。

三、生产制作注意事项识读

1. 鱼肚采用油发时，必须干爽，潮湿的鱼肚易出现僵块，发现受潮可事先烘干或晒干再进行油发。

图 4-3-4 调料

2. 油发鱼肚涨发率在水浸后可达 500% ~ 600%，肚身充满孔洞，经高汤煨焖后更显柔软松绵，吸收了蟹黄的鲜香，更富层次感。

3. 采用油发技法发制的原料含有较多的油脂，需要进行退油处理。

四、依据步骤进行生产制作

步骤1：将干蟹鱼肚放进冷油锅中，慢火加热，油温保持在60℃~70℃，当原料缩小至原来体积的二分之一大小时捞出，待油温加热至七成热时再次下锅复炸，用勺子不断把浮在油面的鱼肚压入油中（见图4-3-5），当鱼肚停止膨胀时捞出（见图4-3-6）备用。

图4-3-5　压入油中　　　　图4-3-6　捞出沥油

步骤2：烧一锅开水，加入香葱和姜片，待锅中的水沸腾后将炸好的鱼肚放锅中浸煮约5分钟，煮至鱼肚发软（见图4-3-7），捞出放入清水中反复漂洗，直到鱼肚中的油渍清洗干净即可。

步骤3：将清洗干净的鱼肚放在砧板上改刀成入口大小的块状（见图4-3-8）。

图4-3-7　浸煮鱼肚　　　　图4-3-8　切制鱼肚

步骤4：将15g蟹黄放入小碗中，然后放入蒸笼中蒸制，蒸制约6分钟取出，晾凉后放在熟食砧板上剁碎（见图4-3-9）。

步骤5：热锅后，加入少量葱油、姜米、蟹黄煸炒，加蚝油、盐调味后加入高汤，放入鱼肚煨制（见图4-3-10），大约5分钟后倒入生粉水勾薄芡，淋少许葱油出锅装盘，在上点缀蒸熟的蟹黄即成。

图4-3-9　剁蟹黄　　　　图4-3-10　煨制鱼肚

任务4 清蒸豆腐圆

任务4 清蒸豆腐圆

任务目标

1. 搜集清蒸豆腐圆的风味特点及用料特色等信息，并能恰当选用合格的用料。
2. 掌握清蒸豆腐圆生产制作步骤、成品质量标准和安全操作注意事项。
3. 能依据任务实施说明做好各项准备，独立完成清蒸豆腐圆菜肴的生产制作。
4. 能遵守厨房"6S"或"4D"管理规定，团结协作，进行文明操作，确保卫生安全、形象优良、品质满意、损耗降低、效率提升。

任务描述

依据图4-4-1所示"清蒸豆腐圆菜肴成品图"，独立生产制作一份符合标准的菜肴。具体要求如下：

1. 生产制作前认真研读并熟记清蒸豆腐圆标准菜谱中所列的用料、制作流程、注意事项、制作过程等内容，观看清蒸豆腐圆菜肴制作过程图片与操作视频，完成任务分析相关问题。

2. 用恪尽职守、责重如山的职业精神，专心致志、博大精深的专业精神，精益求精、追求卓越的工匠精神，在实训指导老师的监护下，用90分钟时间在标准化厨房中进行用料准备与生产制作。

图4-4-1 清蒸豆腐圆菜肴成品图

任务分析

清蒸豆腐圆具有清鲜味美、嫩滑适口的特点，是钦州地区的一道用豆腐和猪肉蒸制而成的特色美食，是当地居民常年食用的菜肴之一，后来经过餐馆厨师稍加改进成为广西的一道名菜，在当地各大小餐馆都能点到此菜。此菜营养均衡，不仅含有丰富的蛋白质，同时也具有丰富的维生素及人体所需的其他营养，可谓是营养美味两不误。为完成清蒸豆腐圆菜肴的生产制作任务，传承清蒸豆腐圆制作技艺，学员不仅要按照"任务描述"中的相关要求做好相关准备，还应认真分析、高质量完成此菜肴生产制作所涉及的几个核心问题。

1. 此菜的豆腐宜选用石膏豆腐还是卤水豆腐？_____。
2. 如何增强捏碎后的豆腐的黏性？_____。
3. 制作馅料有什么讲究？_____。
4. 蒸制时宜采用什么火力？_____。
5. 此菜调味主要用到哪些调味料？_____。

任务实施

一、主辅原料及调料准备

主辅料：老豆腐 750 g（见图 4-4-2）；五花肉 200 g，酥花生米 50 g，猪油渣 40 g，糟米饭 50 g，水发香菇 30 g，香葱 15 g，生粉 6 g，鸡蛋清 20 g，生姜 5 g（见图 4-4-3）。

调味料：精盐 3 g，料酒 6 mL，生抽 15 mL，蚝油 15 g，香油 2 mL，鸡精 2 g，味精 1 g，胡椒粉 1 g（见图 4-4-4）。

图 4-4-2　主料

图 4-4-3　辅料

二、生产制作流程识读

豆腐皮处理→刀工处理→调制馅料→包制豆腐圆→蒸制→煮汁→淋汁成菜。

三、生产制作注意事项识读

1. 豆腐最好选用老豆腐，老豆腐含水量少，豆香味浓郁。
2. 豆腐相对比较松散，黏性小，为增加包制时豆腐的黏性，可以适当添加鸡蛋清、淀粉等黏性原料。
3. 包制要均匀，防止馅料外露。

图 4-4-4　调味料

四、依据步骤进行生产制作

步骤1：将老豆腐放在盛器中揉碎后加入鸡蛋清抓拌均匀（见图4-4-5）。

步骤2：五花肉去皮剁碎，酥花生米拍碎，猪油渣剁碎，水发香菇切末（见图4-4-6），香葱切葱花，生姜切末备用。

图4-4-5　抓碎豆腐

图4-4-6　香菇切末

步骤3：将五花肉碎、酥花生米碎、猪油渣碎、香菇末、糟米饭、葱花、生姜末等放入盛器中，加入盐、生抽、蚝油、香油、鸡精、味精、胡椒粉等调味料顺着一个方向搅拌（见图4-4-7），待上劲后静置备用。

步骤4：把碎豆腐放在手掌上，中间压一个凹陷后放入肉馅（见图4-4-8），用豆腐把馅料包裹紧实，使其表面光滑紧实后放入抹有油的碟中备用。

图4-4-7　调制馅心

图4-4-8　包制

步骤5：将做好的豆腐圆放入蒸锅中蒸制（见图4-4-9），约20分钟至熟取出，将碟中的汁倒入锅中，豆腐圆摆放在盛菜碟中。

步骤6：将蒸豆腐原汁用精盐、生抽等调味，然后用水淀粉勾成流芡，淋在豆腐圆上（见图4-4-10），点缀上少许葱花即可。

图4-4-9　蒸制

图4-4-10　淋汁

任务5　蚝油柚皮鸭

任务5　蚝油柚皮鸭

任务目标

1. 搜集蚝油柚皮鸭的风味特点及用料特色等信息，并能恰当选用合格的用料。
2. 掌握蚝油柚皮鸭生产制作步骤、成品质量标准和安全操作注意事项。
3. 能依据任务实施说明做好各项准备，独立完成蚝油柚皮鸭菜肴的生产制作。
4. 能遵守厨房"6S"或"4D"管理规定，团结协作，进行文明操作，确保卫生安全、形象优良、品质满意、损耗降低、效率提升。

任务描述

依据图4-5-1所示"蚝油柚皮鸭菜肴成品图"，独立生产制作一份符合标准的菜肴。具体要求如下：

1. 生产制作前认真研读并熟记蚝油柚皮鸭标准菜谱中所列的用料、制作流程、注意事项、制作过程等内容，观看蚝油柚皮鸭菜肴制作过程图片与操作视频，完成任务分析相关问题。

2. 用恪尽职守、责重如山的职业精神，专心致志、博大精深的专业精神，精益求精、追求卓越的工匠精神，在实训指导老师的监护下，用90分钟时间在标准化厨房中进行用料准备与生产制作。

图4-5-1　蚝油柚皮鸭菜肴成品图

任务分析

蚝油柚皮鸭具有爽口清新、鲜香味浓郁的特点，是钦州地区的一道运用柚子皮与鸭肉一起烹调加工制成的特色美食。在外地，不少人吃了柚子果肉后多把柚皮抛弃，实在可惜。其实柚皮是可以食用的，它不但营养丰富，而且还具有暖胃、化痰、润化喉咙等食疗作用。柚皮做菜可降脂，柚皮中含有柚皮甙和芦丁等黄酮类物质，具有抗氧化活性作用，可以降低血液的黏稠度。为完成蚝油柚皮鸭菜肴的生产制作任务，传承蚝油柚皮鸭制作技艺，学员不仅要按照"任务描述"中的相关要求做好相关准备，还应认真分析、高质量完成此菜肴生产制作所涉及的几个核心问题。

1. 如何去除柚皮中的苦味？_____。
2. 鸭肉宜选用什么鸭？_____。
3. 刀工处理时，柚皮及鸭肉宜加工成什么形状？_____。
4. 此菜主要采用什么烹调技法成菜？_____。
5. 如何控制火候？_____。

任务实施

一、主辅原料及调料准备

主辅料：光海鸭半只约 900 g（见图 4-5-2）；柚子皮 1 个，青蒜 2 根，红椒 1 个，生姜片 20 g，豆豉鲮鱼 50 g，淀粉 10 g，生姜 15 g，蒜粒 12 g（见图 4-5-3）。

调味料：精盐 3 g，生抽 16 mL，蚝油 40 g，鸡粉 2 g，味精 1 g，鸡汤 750 mL，猪油 50 g，料酒 12 mL，老抽 3 mL（见图 4-5-4）。

图 4-5-2 主料

图 4-5-3 辅料

二、生产制作流程识读

处理柚子皮→刀工处理→焯水→炸制上色→烹调→出锅装盘。

三、生产制作注意事项识读

1. 烹调前需要将柚子皮的黄色外皮和比较松软的内瓤部分去掉，只取中间肉质比较紧实的部分。

图 4-5-4 调味料

2. 因柚子皮中含有较多的苦味成分，需要焯水后反复浸泡以去除苦味后才宜烹调。
3. 烹调过程中，需要恰当控制火力的大小，防止水分蒸发过快造成鸭肉不入味。
4. 调味时需要注意各种调味品的比例，防止过咸，与主味不突出。

四、依据步骤进行生产制作

步骤1：柚皮去掉外层黄色部分和内层比较松软的瓤（见图4-5-5），然后切成小块放进锅里煮约10分钟捞出，用清水浸泡（见图4-5-6），再反漂洗直至没有苦味。

图4-5-5　去掉柚皮内瓤

图4-5-6　柚子皮焯水

步骤2：将鸭肉放在砧板上剁成块状，青蒜切段，红椒切片，生姜切丁，蒜粒切除两头，鲮鱼切块（见图4-5-7），放在盛器中备用。

步骤3：将剁好的鸭块放入冷水锅中，加入料酒、生姜片焯水（见图4-5-8），待五成熟时捞出，用清水冲洗晾干后拌上适量的生抽备用。

图4-5-7　切鲮鱼块

图4-5-8　鸭块焯水

步骤4：将鸭肉放入六成热的油锅中炸制（见图4-5-9），炸至金黄色捞出备用。

步骤5：锅烧热后，放入适量的猪油，下姜丁、蒜粒及鲮鱼块煸炒，待香味浓郁时放入炸上色的鸭块，淋入料酒，稍微翻炒后加入鸡汤，焖制约25分钟至鸭肉软烂，放入处理好的柚皮，用老抽、精盐、生抽、鸡粉、味精、蚝油调色调味后继续烧制（见图4-5-10），待汤汁近干时淋入少许水淀粉勾稀薄芡，加入红椒片、青蒜段翻炒均匀即可出锅装盘。

图4-5-9　炸制鸭块

图4-5-10　烧制

任务6　沙蟹汁豆角

任务6　沙蟹汁豆角

任务目标

1. 搜集沙蟹汁豆角的风味特点及用料特色等信息，并能恰当选用合格的用料。
2. 掌握沙蟹汁豆角生产制作步骤、成品质量标准和安全操作注意事项。
3. 能依据任务实施说明做好各项准备，独立完成沙蟹汁豆角菜肴的生产制作。
4. 能遵守厨房"6S"或"4D"管理规定，团结协作，进行文明操作，确保卫生安全、形象优良、品质满意、损耗降低、效率提升。

任务描述

依据图 4-6-1 所示"沙蟹汁豆角菜肴成品图"，独立生产制作一份符合标准的菜肴。具体要求如下：

1. 生产制作前认真研读并熟记沙蟹汁豆角标准菜谱中所列的用料、制作流程、注意事项、制作过程等内容，观看沙蟹汁豆角菜肴制作过程图片与操作视频，完成任务分析相关问题。

2. 用恪尽职守、责重如山的职业精神，专心致志、博大精深的专业精神，精益求精、追求卓越的工匠精神，在实训指导老师的监护下，用90分钟时间在标准化厨房中进行用料准备与生产制作。

图 4-6-1　沙蟹汁豆角菜肴成品图

任务分析

沙蟹汁豆角具有豆角清甜软糯、口味咸香浓郁的特点，是《中国菜——中华人民共和国省籍地域经典名菜名筵录》中所列的广西十大经典名菜之一，也是电视纪录片《舌尖上的中国2》记录的特色菜肴之一。随着《舌尖上的中国2》的热播，此菜也迅速在各大小饭店蹿红，沙蟹汁也红遍大江南北。成品沙蟹汁咸、香、鲜，是北海人眼中的万能蘸料。它可以用来蘸鸡肉，甚至有人用来蘸杨梅、李子、橘子等酸果。为完成沙蟹汁豆角菜肴的生产制作任务，传承沙蟹汁豆角制作技艺，学员不仅要按照"任务描述"中的相关要求做好相关准备，还应认真分析、高质量完成此菜肴生产制作所涉及的几个核心问题。

1. 沙蟹汁属于什么类别的酱料？_____。
2. 沙蟹汁有什么特点？_____。
3. 运用沙蟹汁做菜需要注意什么？_____。
4. 此菜主要运用什么烹调技法成菜？_____。
5. 此菜宜采用什么样的器皿盛装？_____。

任务实施

一、主辅原料及调料准备

主辅料：优质豆角 500 g（见图 4-6-2）；老蒜粒 3 颗，黄甜椒 1 小块约 20 g，红甜椒 1 小块约 20 g（见图 4-6-3）。

调味料：沙蟹汁 30 g，鲜汤 200 mL（见图 4-6-4）。

图 4-6-2　主料

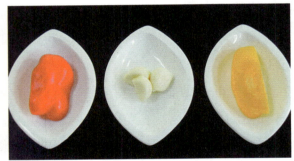

图 4-6-3　辅料

二、生产制作流程识读

刀工处理→炒制→焖制成菜。

三、生产制作注意事项识读

1. 沙蟹汁咸味较重、鲜味充足，所以烹调时可以不用放盐，不用添加鸡精、味精等。
2. 沙蟹属于寒性食物，吃多了胃会不舒服，特别是阴质体质的人。制作时可以在里面加点姜以暖胃，也可以调味道。

图 4-6-4　调味料

3. 沙蟹汁保质期不长，在 3 ~ 4 周，时间长了会变味变质，食用前应注意鉴别其品质。

四、依据步骤进行生产制作

步骤1：掐去豆角头尾（见图4-6-5）清洗干净后切成5 cm左右的段（见图4-6-6），然后放入淡盐水中浸泡约10分钟后捞出沥干水备用。

图4-6-5　掐去豆角头尾

图4-6-6　豆角切段

步骤2：蒜粒切成指甲片，黄甜椒切成筷子条，红甜椒切成筷子条（见图4-6-7）。

步骤3：炒锅洗净后放在炉灶上加热，待锅热后加入约30 mL食用油，加入蒜片，小火炒至蒜香味浓郁，倒入豆角翻炒（见图4-6-8）。

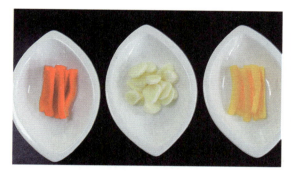

图4-6-7　辅料刀工成品

图4-6-8　炒制

步骤4：用中火翻炒约2分钟后加入鲜汤，用大火将其烧至沸腾后连汤带料移入砂锅中（见图4-6-9）。

步骤5：将砂锅放在煲仔炉上，再放入沙蟹汁继续焖制（见图4-6-10），盖上锅盖，待锅中汤汁沸腾后，转小火焖约10分钟至豆角熟软糯时放入黄椒条和红椒条，继续焖制约2分钟至豆角充分入味即可上桌。

图4-6-9　移入砂锅

图4-6-10　加入沙蟹汁焖制

任务7 杂鱼豆腐汤

任务7 杂鱼豆腐汤

任务目标

1. 搜集杂鱼汤的风味特点及用料特色等信息,并能恰当选用合格的用料。
2. 掌握杂鱼汤生产制作步骤、成品质量标准和安全操作注意事项。
3. 能依据任务实施说明做好各项准备,独立完成杂鱼汤菜肴的生产制作。
4. 能遵守厨房"6S"或"4D"管理规定,团结协作,进行文明操作,确保卫生安全、形象优良、品质满意、损耗降低、效率提升。

任务描述

依据图4-7-1所示"杂鱼汤菜肴成品图",独立生产制作一份符合标准的菜肴。具体要求如下:

1. 生产制作前认真研读并熟记杂鱼汤标准菜谱中所列的用料、制作流程、注意事项、制作过程等内容,观看杂鱼汤菜肴制作过程图片与操作视频,完成任务分析相关问题。

2. 用恪尽职守、责重如山的职业精神,专心致志、博大精深的专业精神,精益求精、追求卓越的工匠精神,在实训指导老师的监护下,用90分钟时间在标准化厨房中进行用料准备与生产制作。

图4-7-1 杂鱼汤菜肴成品图

任务分析

杂鱼汤具有汤鲜奶白、香味四溢的特点,是北海地区运用海杂鱼经煎制、煮制等环节加工制成的一道特色汤菜。北海人特别喜欢喝鱼汤,外地人来到北海发现"北海有一怪,小鱼卖得比大鱼快",因为小鱼是近海捕捞后马上上市销售,深受本地人喜爱。杂鱼汤的做法是将几种小海鱼放在一起合煲,能很好体现出海鲜的鲜美味道。常见的杂鱼有小石斑、腊鱼、柴狗鱼、乌鸡婆等。为完成杂鱼汤菜肴的生产制作任务，传承杂鱼汤制作技艺，学员不仅要按照"任务描述"中的相关要求做好相关准备，还应认真分析、高质量完成此菜肴生产制作所涉及的几个核心问题。

1. 杂鱼指的是什么？_____。
2. 选料有什么特别的要求？_____。
3. 怎么加工才能使汤色浓白？_____。
4. 调味需要注意哪些？_____。
5. 此菜宜采用什么样的器皿盛装？_____。

任务实施

一、主辅原料及调料准备

主辅料：新鲜杂鱼 500 g（见图 4-7-2）；水豆腐 1 块约 400 g，生姜 20 g，葱白 10 g、香菜 20 g（见图 4-7-3）。

调味料：胡椒粉 1 g，精盐 4 g，鸡粉 1 g，料酒 5 mL（见图 4-7-4）。

图 4-7-2　主料

图 4-7-3　辅料

二、生产制作流程识读

处理杂鱼→刀工处理→煮开水→煎制→煮制→调味→出锅装盘。

三、生产制作注意事项识读

1. 杂鱼种类的选择应根据客人的需要和市场供应情况灵活选择。
2. 煎制鱼时应恰当控制火候，以防止鱼煎不透或煎焦，出现破裂。
3. 添加的水应为开水，可以快速促进鱼肉所含脂肪外溢及水溶性蛋白质和骨骼中的卵磷脂溶出，使鱼皮中的胶原蛋白水解成明胶分子，形成水包油的乳化液，汤汁浓白如乳。

图 4-7-4　调味料

四、依据步骤进行生产制作

步骤1：用剪刀将新鲜杂鱼的鱼鳃剪掉（见图4-7-5），刮去鱼鳞，去掉内脏，然后放入清水中反复清洗干净（见图4-7-6），沥干水分备用。

图4-7-5 剪去鱼鳃

图4-7-6 清洗干净

步骤2：将生姜放在砧板上切成片，葱白切成2 cm左右长度的段，香菜切成2 cm左右的段（见图4-7-7），放在盛器中备用。

步骤3：将锅清洗干净后加入约1 L的清水，烧至沸腾（见图4-7-8），持续用小火加热，让其保持微沸状态。

图4-7-7 辅料刀工成品

图4-7-8 保持水微沸

步骤4：另起锅烧热，放入少许花生油，烧热后放入姜片小火煎制，待姜香味浓郁后，放入杂鱼煎至鱼皮两面微黄（见图4-7-9）。

步骤5：往锅中倒入烧至沸腾的开水，放入料酒，继续炖煮约15分钟（见图4-7-10），至汤色奶白后用精盐、鸡粉、胡椒粉调味，稍微煮制后倒入已放入葱段、香菜的汤碗中，趁热上桌即可。

图4-7-9 煎鱼

图4-7-10 炖煮至汤奶白

任务8　蒜蓉蒸沙虫

任务8　蒜蓉蒸沙虫

任务目标

1. 搜集蒜蓉蒸沙虫的风味特点及用料特色等信息，并能恰当选用合格的用料。
2. 掌握蒜蓉蒸沙虫生产制作步骤、成品质量标准和安全操作注意事项。
3. 能依据任务实施说明做好各项准备，独立完成蒜蓉蒸沙虫菜肴的生产制作。
4. 能遵守厨房"6S"或"4D"管理规定，团结协作，进行文明操作，确保卫生安全、形象优良、品质满意、损耗降低、效率提升。

任务描述

依据图4-8-1所示"蒜蓉蒸沙虫菜肴成品图"，独立生产制作一份符合标准的菜肴。具体要求如下：

1. 生产制作前认真研读并熟记蒜蓉蒸沙虫标准菜谱中所列的用料、制作流程、注意事项、制作过程等内容，观看蒜蓉蒸沙虫菜肴制作过程图片与操作视频，完成任务分析相关问题。

2. 用恪尽职守、责重如山的职业精神，专心致志、博大精深的专业精神，精益求精、追求卓越的工匠精神，在实训指导老师的监护下，用90分钟时间在标准化厨房中进行用料准备与生产制作。

图4-8-1　蒜蓉蒸沙虫菜肴成品图

任务分析

蒜蓉蒸沙虫具有口感爽脆、蒜香味浓郁的特点，是北海地区海鲜菜肴的典型代表之一。北海沙滩面积广，沙虫质量驰名全国。沙虫对生态环境质量十分敏感，素有"环境标志生物"之称，北海沙虫质量高，生动诠释了北海"既要金山银山，又要绿水青山，更要碧海银滩"的生态发展理念。北海人认为沙虫很"补"，中医认为沙虫性寒、味甘，可滋阴降火、

项目四　滨海风味菜

清肺补虚。为完成蒜蓉蒸沙虫菜肴的生产制作任务,传承蒜蓉蒸沙虫制作技艺,学员不仅要按照"任务描述"中的相关要求做好相关准备,还应认真分析、高质量完成此菜肴生产制作所涉及的几个核心问题。

1. 制作此菜是选用鲜沙虫还是干沙虫？_____。

2. 如何将沙虫中的沙粒去除干净？_____。

3. 如何制作蒜蓉酱？_____。

4. 蒸制时宜用选用什么蒸制方法？_____。

5. 蒸制应为多长时间？_____。

🚀 任务实施

一、主辅原料及调料准备

主辅料：鲜沙虫 400 g（见图 4-8-2）；香葱 15 g，红甜椒 20 g，干粉丝 50 g（见图 4-8-3）。

调味料：蒜粒 80 g，精盐 3 g，蚝油 10 g，生抽 10 mL，香油 2 mL，鸡精 2 g（见图 4-8-4）。

图 4-8-2　主料

图 4-8-3　辅料

二、生产制作流程识读

宰杀沙虫→刀工处理→泡发粉丝→制蒜蓉酱→装碟蒸制→出锅淋热油成菜。

三、生产制作注意事项识读

1. 清洗大蒜蓉的目的是去除大蒜中的硫胺素及核黄素,这些物质遇到高温会变苦。

2. 炒蒜蓉分两步操作,先将一半蒜蓉进行油炸,最后倒入另一半,蒜蓉酱味道会更浓。清洗鲜沙虫要兼将其翻转,将沙子冲洗干净。

3. 蒸的时间控制在 3 分钟左右,蒸久了就会缩水变硬,口感差。

图 4-8-4　调味料

四、依据步骤进行生产制作

步骤1：将鲜沙虫放在砧板上，用刀将沙虫的一端切除（见图4-8-5），然后用一根筷子从未切开的一端轻轻插入，将其翻面，取下来在流水下将其内脏、沙子等冲洗（见图4-8-6），干净后放在盛器中备用。

图4-8-5　切去沙虫顶端

图4-8-6　冲洗干净

步骤2：将蒜粒剁成茸后用清水反复清洗几遍，再用清水浸泡10分钟后捞出，沥干水备用，香葱葱白切末，葱叶和红甜椒分别切细丝，用清水浸泡卷曲后捞出（见图4-8-7）；干粉丝用温水浸泡约10分钟，待软后捞出沥干水备用。

步骤3：锅烧热后放入食用油，放入一半的蒜蓉，小火炒至蒜蓉浅黄色后加入另外一半蒜蓉，稍微炒制后盛出装入碗中，用盐、生抽、蚝油、鸡精、葱白调味（见图4-8-8）。

图4-8-7　浸泡卷曲配菜

图4-8-8　调制蒜蓉酱

步骤4：把粉丝放在盛菜碟中，然后摆上沙虫，再把调好的蒜蓉均匀撒在沙虫上放入蒸笼（见图4-8-9），使用大火蒸约3分钟取出。

步骤5：把葱丝、红椒丝撒在沙虫上，淋上热油，点缀配菜（见图4-8-10），趁热上桌即成。

图4-8-9　蒸制

图4-8-10　点缀配菜

任务9　盐花煎沙箭鱼

任务 9　盐花煎沙箭鱼

任务目标

1. 搜集盐花煎沙箭鱼的风味特点及用料特色等信息，并能恰当选用合格的用料。
2. 掌握盐花煎沙箭鱼生产制作步骤、成品质量标准和安全操作注意事项。
3. 能依据任务实施说明做好各项准备，独立完成盐花煎沙箭鱼菜肴的生产制作。
4. 能遵守厨房"6S"或"4D"管理规定，团结协作，进行文明操作，确保卫生安全、形象优良、品质满意、损耗降低、效率提升。

任务描述

依据图 4-9-1 所示"盐花煎沙箭鱼菜肴成品图"，独立生产制作一份符合标准的菜肴。具体要求如下：

1. 生产制作前认真研读并熟记盐花煎沙箭鱼标准菜谱中所列的用料、制作流程、注意事项、制作过程等内容，观看盐花煎沙箭鱼菜肴制作过程图片与操作视频，完成任务分析相关问题。

2. 用恪尽职守、责重如山的职业精神，专心致志、博大精深的专业精神，精益求精、追求卓越的工匠精神，在实训指导老师的监护下，用 90 分钟时间在标准化厨房中进行用料准备与生产制作。

图 4-9-1　盐花煎沙箭鱼菜肴成品图

任务分析

盐花煎沙箭鱼具有颜色金黄、外酥里嫩、干香扑鼻的特点，是北海地区海鲜菜肴的典型代表菜之一。盐花煎是北海疍家菜中常见的方法，主要是用粗海盐对煎制的对象入味，制作方法简单，成菜原汁原味。这种烹法要求原料新鲜，才能达到成菜的品质要求。北海三面环海，每天的早上 7 点、下午 5 点都有大量的近海海鲜上市，鲜活海鲜易得，所以盐花煎烹法的菜肴品种较多，如煎虾、煎龙利鱼、煎马胶鱼等。为完成盐花煎沙箭鱼菜肴的生产制作任务，传承盐花煎沙箭鱼制作技艺，学员不仅要按照"任务描述"中的相关要求做好相关准备，还应认真分析、高质量完成此菜肴生产制作所涉及的几个核心问题。

1. 北海人所称的"盐花"指的是什么材料？＿＿＿＿＿＿＿＿＿＿＿＿＿＿＿＿＿＿。
2. 优质沙箭鱼的质量标准是什么？＿＿＿＿＿＿＿＿＿＿＿＿＿＿＿＿＿＿＿＿。
3. 煎制过程如何防止鱼肉碎掉？＿＿＿＿＿＿＿＿＿＿＿＿＿＿＿＿＿＿＿＿＿。
4. 宜采用什么火力进行煎制？＿＿＿＿＿＿＿＿＿＿＿＿＿＿＿＿＿＿＿＿＿＿。
5. 此菜宜选用什么样的器皿盛装？＿＿＿＿＿＿＿＿＿＿＿＿＿＿＿＿＿＿＿。

任务实施

一、主辅原料及调料准备

主辅料：新鲜沙箭鱼 15 条约 550 g（见图 4-9-2）；红椒 20 g，洋葱 15 g，香葱 15 g，生姜 20 g（见图 4-9-3）。

调味料：粗海盐（盐花）10 g（见图 4-9-4）。

图 4-9-2　主料

图 4-9-3　辅料

二、生产制作流程识读

杀鱼→刀工处理→制姜油→煎鱼→加入配菜→出锅装盘。

三、生产制作注意事项识读

1. 宰杀沙箭鱼后，可以将其放在淡盐水中浸泡 1 小时以上，以消除土腥味。
2. 配菜的选用根据成菜要求而定，喜欢吃辣的可以添加小米椒。
3. 煎制锅具可以选用不粘平底锅。煎制过程中不需要经常翻动，待一面煎上色后再翻面。

图 4-9-4　调味料

四、依据步骤进行生产制作

步骤1：沙箭鱼刮鳞、去鳃、除内脏，放在清水中洗净（见图4-9-5），然后用厨房纸吸去表皮水分。

步骤2：将红椒、洋葱分别切成小丁，香葱切成葱花，生姜切片（见图4-9-6）。

图4-9-5　宰杀沙箭鱼

图4-9-6　辅料刀工成品

步骤3：煎锅烧烫后，加入约30 mL食用油，放入姜片煎制（见图4-9-7），待浅黄色时捞出。

步骤4：撒入少许粗海盐（盐花），把沙箭鱼整齐地放入锅中煎制（见图4-9-8），待沙箭鱼底面焦黄时，撒入剩余的粗海盐（盐花）。

图4-9-7　煎制姜片

图4-9-8　煎制鱼

步骤5：将沙箭鱼翻面后继续煎制，煎制过程需要根据原表的变化适当控制火力，直至另一面成变焦黄色时再次翻面（见图4-9-9）。

步骤6：将红椒丁、洋葱丁、葱花撒入锅中，旋转锅，让配菜受热均匀后把鱼取出装入碟中，锅中的盐花及配菜撒在煎好的沙箭鱼表面（见图4-9-10），趁热上桌即可。

图4-9-9　翻面煎制

图4-9-10　装盘

任务10　韭菜炒蚬肉

任务10　韭菜炒蚬肉

任务目标

1. 搜集韭菜炒蚬肉的风味特点及用料特色等信息，并能恰当选用合格的用料。
2. 掌握韭菜炒蚬肉生产制作步骤、成品质量标准和安全操作注意事项。
3. 能依据任务实施说明做好各项准备，独立完成韭菜炒蚬肉菜肴的生产制作。
4. 能遵守厨房"6S"或"4D"管理规定，团结协作，进行文明操作，确保卫生安全、形象优良、品质满意、损耗降低、效率提升。

任务描述

依据图4-10-1所示"韭菜炒蚬肉菜肴成品图"，独立生产制作一份符合标准的菜肴。具体要求如下：

1. 生产制作前认真研读并熟记韭菜炒蚬肉标准菜谱中所列的用料、制作流程、注意事项、制作过程等内容，观看韭菜炒蚬肉菜肴制作过程图片与操作视频，完成任务分析相关问题。

2. 用恪尽职守、责重如山的职业精神，专心致志、博大精深的专业精神，精益求精、追求卓越的工匠精神，在实训指导老师的监护下，用90分钟时间在标准化厨房中进行用料准备与生产制作。

图4-10-1　韭菜炒蚬肉菜肴成品图

任务分析

韭菜炒蚬肉具有口味清甜鲜美、口感脆嫩、色泽碧绿的特点，是北海地区的特色大众菜肴，是当地人餐桌上最常见的菜式之一。沙蚬包含黄蚬子肉、白蚬子肉、花蚬子肉，黄蚬子肉可称为"蚬中贵族"。黄蚬子学名青柳蛤，产于浅海处，外壳呈黄色，肉也呈黄色，斧形的贝壳，暗黄色的斑纹。蚬肉中含有蛋白质、多种维生素和钙、磷、铁、硒等人体所需的营养物质，还含有微量的钴，对维持人体造血功能有较好效果。为完成韭菜炒蚬肉菜肴的生产制作任务，传承韭菜炒蚬肉制作技艺，学员不仅要按照"任务描述"中的相关要求做好相关准备，还应认真分析、高质量完成此菜肴生产制作所涉及的几个核心问题。

1. 沙蚬的肉质有什么特点？_____。
2. 制作此菜是选用净沙蚬肉吗？_____。
3. 韭菜的选择标准是什么？_____。
4. 制作此菜的关键点有哪些？_____。
5. 此菜在调味方面有什么特别之处？_____。

任务实施

一、主辅原料及调料准备

主辅料：韭菜 250 g，沙蚬肉 200 g（见图 4-10-2）；蒜粒 8 g，生姜 12 g，豆豉 15 g，生粉 10 g（见图 4-10-3）。

调味料：精盐 1.5 g，料酒 4 mL，蚝油 10 g，白糖 3 g，香油 1 mL（见图 4-10-4）。

图 4-10-2　主料

图 4-10-3　辅料

二、生产制作流程识读

刀工处理→兑调味汁→煸炒→焖制→调味→出锅装盘。

三、生产制作注意事项识读

1. 沙蚬肉需选用生肉才足够鲜，如果水焯过的肉，会大打折扣。
2. 根据顾客需要和季节的变化，韭菜也可以换成蒜黄、韭黄等。
3. 沙蚬子本身就有咸味和鲜味，会传递给韭菜，所以在调味时要注意咸味调味品的用量。炒制时间 3 分钟为宜。

图 4-10-4　调味料

四、依据步骤进行生产制作

步骤1：将沙蚬肉放进小盆中加入清水，反复漂洗干净后捞出（见图4-10-5），在漏勺中沥干水分；将韭菜清洗干净（见图4-10-6），豆豉用水冲洗干净。

图4-10-5　清洗沙蚬肉

图4-10-6　清洗韭菜

步骤2：将清洗干净的韭菜放在砧板上切成3 cm左右的段（见图4-10-7），蒜粒拍破后剁成末，生姜切成末。

步骤3：锅烧热后加入食用油约20 mL，放入蒜末、姜末小火炒至微黄，放入豆豉继续煸炒至香味浓郁（见图4-10-8），放入蚬肉。

图4-10-7　切制韭菜

图4-10-8　煸炒料头

步骤4：蚬肉放入锅中后，从锅边淋入料酒，用大火继续翻炒至蚬肉熟透且香味浓郁（见图4-10-9）。

步骤5：加入切好的韭菜稍微翻炒，用盐、蚝油和白糖调味，继续翻炒至韭菜刚熟（见图4-10-10），用少许淀粉勾玻璃芡，淋入少许香油后出锅装盘，趁热上桌即可。

图4-10-9　炒制蚬肉

图4-10-10　放入韭菜翻炒

项目四　滨海风味菜

任务11　姜葱炒青蟹

任务 11　姜葱炒青蟹

任务目标

1. 搜集姜葱炒青蟹的风味特点及用料特色等信息，并能恰当选用合格的用料。
2. 掌握姜葱炒青蟹生产制作步骤、成品质量标准和安全操作注意事项。
3. 能依据任务实施说明做好各项准备，独立完成姜葱炒青蟹菜肴的生产制作。
4. 能遵守厨房"6S"或"4D"管理规定，团结协作，进行文明操作，确保卫生安全、形象优良、品质满意、损耗降低、效率提升。

任务描述

依据图4-11-1所示"姜葱炒青蟹菜肴成品图"，独立生产制作一份符合标准的菜肴。具体要求如下：

1. 生产制作前认真研读并熟记姜葱炒青蟹标准菜谱中所列的用料、制作流程、注意事项、制作过程等内容，观看姜葱炒青蟹菜肴制作过程图片与操作视频，完成任务分析相关问题。

2. 用恪尽职守、责重如山的职业精神，专心致志、博大精深的专业精神，精益求精、追求卓越的工匠精神，在实训指导老师的监护下，用90分钟时间在标准化厨房中进行用料准备与生产制作。

图 4-11-1　姜葱炒青蟹菜肴成品图

任务分析

姜葱炒青蟹具有香味浓郁、咸鲜清甜的特点，是北海地区常见的一道地方风味特色菜肴。北海作为青蟹的主产地之一，其质量上乘。青蟹含有丰富的蛋白质、微量元素等，对身体有很好的滋补作用。青蟹自古就有"四味"之说："大腿肉"，肉质丝短纤细，味同干贝；"小腿肉"，丝长细嫩，美如银鱼；"蟹身肉"，洁白晶莹，胜似白鱼；"蟹黄"，含有大量人体必需的蛋白质、脂肪、磷脂、维生素等营养素，营养丰富。为完成姜葱炒青蟹菜肴的生产制作任务,传承姜葱炒花蟹制作技艺,学员不仅要按照"任务描述"中的相关要求做好相关准备,还应认真分析、高质量完成此菜肴生产制作所涉及的几个核心问题。

1. 应如何鉴别青蟹的质量?_____。
2. 初加工时,如何加工青蟹?_____。
3. 烹调过程中如何保留此菜的鲜味?_____。
4. 选择姜葱有何讲究?_____。
5. 此菜在调味方面有什么特别要求?_____。

任务实施

一、主辅原料及调料准备

主辅料:青蟹2只约750 g(见图4-11-2);生姜40 g,蒜粒30 g,干葱头15 g,香葱80 g,生粉50 g(见图4-11-3)。

调味料:精盐2 g,白糖4 g,米酒20 mL,生抽6 mL,蚝油15 g,喼汁15 mL(见图4-11-4)。

图4-11-2 主料

图4-11-3 辅料

二、生产制作流程识读

宰杀花蟹→刀工处理→粘生粉→煎花蟹→炒制→出锅装盘。

三、生产制作注意事项识读

1. 青蟹是海产品,稍微带有点咸味,调味时需要注意盐、生抽、蚝油等用量。

2. 青蟹的壳及脚尖都比较锋利,为保证客人食用安全,在刀工处理环节需要将锋利部分切掉。

3. 青蟹肉质易熟,烹调加工时不宜加热过长时间,时间过长,肉的鲜味会受到影响,以肉熟透为标准,避免影响肉质。

图4-11-4 调味料

四、依据步骤进行生产制作

步骤1：将青蟹壳打开，取出蟹鳃（见图4-11-5），用刀将蟹壳尖角处剁掉、将青蟹脚尖剁掉，然后用刀将蟹大脚拍裂，将蟹身一分为四（见图4-11-6），放入盛器中备用。

图4-11-5　取出蟹鳃

图4-11-6　刀工处理成型

步骤2：将生姜切斜粗丝，蒜粒拍裂后剁碎，干葱头切碎，香葱切成段后将葱白和葱青分别放置于盛器中（见图4-11-7）。

步骤3：将青蟹身体部位的切口处沾上干淀粉（见图4-11-8）。

图4-11-7　辅料刀工成品

图4-11-8　沾裹干淀粉

步骤4：锅烧热后，加入适量的油，先将沾有生粉的切口处贴锅放进锅中煎制，蟹壳也放入锅中，待煎上色后翻另一面继续煎（见图4-11-9），两面煎上色后出锅备用。

步骤5：另起锅，烧热后加入适量的食用油，放入干葱头碎、蒜碎、葱白段、姜丝等煸炒至香味浓郁后放入煎好的花蟹，从锅边淋入米酒，大火翻炒片刻，加入清水约80 mL，用精盐、生抽、白糖、蚝油调味后继续翻炒（见图4-11-10），待汁近干时用适量水淀粉勾芡，然后加入葱青段继续翻炒片刻，淋入明油即可出锅。

图4-11-9　煎制

图4-11-10　炒制

任务12 爆炒风肠

任务12 爆炒风肠

任务目标

1. 搜集爆炒风肠的风味特点及用料特色等信息,并能恰当选用合格的用料。
2. 掌握爆炒风肠生产制作步骤、成品质量标准和安全操作注意事项。
3. 能依据任务实施说明做好各项准备,独立完成爆炒风肠菜肴的生产制作。
4. 能遵守厨房"6S"或"4D"管理规定,团结协作,进行文明操作,确保卫生安全、形象优良、品质满意、损耗降低、效率提升。

任务描述

依据图4-12-1所示"爆炒风肠菜肴成品图",独立生产制作一份符合标准的菜肴。具体要求如下:

1. 生产制作前认真研读并熟记爆炒风肠标准菜谱中所列的用料、制作流程、注意事项、制作过程等内容,观看爆炒风肠菜肴制作过程图片与操作视频,完成任务分析相关问题。

2. 用恪尽职守、责重如山的职业精神,专心致志、博大精深的专业精神,精益求精、追求卓越的工匠精神,在实训指导老师的监护下,用90分钟时间在标准化厨房中进行用料准备与生产制作。

图4-12-1 爆炒风肠菜肴成品图

任务分析

爆炒风肠具有软韧肥嫩、味香汁紧、干香爽口的特点,是防城港上思县的春节传统风味菜肴。在上思,每逢春节,餐桌上必不可少的食品就有风肠。作为春节的时令食品,风肠只在春节前后那一段时间才有。所谓风肠,其实跟我们平常所见的腊肠差不多,只是风肠晾晒的时间比较短，肠身的干度不像腊肠那般，一般情况下，每年腊月就开始灌制，春节过完，风肠也就不见了踪影。为完成爆炒风肠菜肴的生产制作任务，传承爆炒风肠制作技艺，学员不仅要按照"任务描述"中的相关要求做好相关准备，还应认真分析、高质量完成此菜肴生产制作所涉及的几个核心问题。

1. 风肠是腊肠吗？_____。
2. 风肠有什么特点？_____。
3. 运用爆炒技法做菜的关键是什么？_____。
4. 刀工处理时的各原料的成型规格标准是什么？_____。
5. 爆炒时宜用什么火力？_____。

任务实施

一、主辅原料及调料准备

主辅料：上思风肠 2 节约 450 g（见图 4-12-2）；青蒜 150 g，芹菜 150 g，生姜 15 g，蒜粒 3 颗（见图 4-12-3）。

调味料：料酒 5 mL，白糖 4 g，生抽 5 mL，鸡粉 2 g，胡椒粉 1 g，蚝油 10 g（见图 4-12-4）。

图 4-12-2　主料

图 4-12-3　辅料

二、生产制作流程识读

清洗风肠→蒸制→刀工处理→煸炒→调味→出锅装盘。

三、生产制作注意事项识读

1. 加工前应仔细观察风肠的形状和颜色，以免使用不卫生的产品。从形状来看，新鲜卫生的风肠是肥瘦分明的，而且有颗粒感，白的是肥肉，暗红色的是瘦肉。

图 4-12-4　调味料

2. 炒风肠时先把风肠蒸熟晾凉后再切片，这样片形完整，在炒的时候也不容易碎，烹调后的成品也香软不干硬。由于风肠有一定的咸味，调味时需要注意咸味调味品的用量。

四、依据步骤进行生产制作

步骤1：将上思风肠放入盛器中，加入温水清洗干净（见图4-12-5），沥干水备用。

步骤2：将清洗干净的上思风肠放进蒸笼中（见图4-12-6），采用大火蒸制约20分钟，蒸至熟透，取出后放在碟子中放凉备用。

图4-12-5　清洗风肠

图4-12-6　蒸制

步骤3：将放凉的上思风肠放在干净的砧板上切成厚度约0.3 cm的斜刀片（见图4-12-7），放置于盛器中备用。

步骤4：青蒜切成4 cm左右的段，并将茎和叶子分开放置，将芹菜也切成4 cm左右的段，生姜和蒜粒分别切片（见图4-12-8），放置于盛器中备用。

图4-12-7　风肠切片

图4-12-8　辅料刀工成品

步骤5：把锅烧热后加入适量的油滑锅，热油倒出后加入少许底油，放入切好的生姜片、蒜片爆香，然后放入风肠中火炒制（见图4-12-9）。

步骤6：炒至风肠边缘微微卷起后放青蒜茎、芹菜等继续炒至断生后放入青蒜叶，再放入料酒、白糖、生抽、鸡粉、胡椒粉、蚝油等调味料翻炒（见图4-12-10），炒均后即可出锅装盘，趁热上桌即可。

图4-12-9　炒制风肠片

图4-12-10　加入辅料炒制

任务13　沙姜焗八爪鱼

任务13　沙姜焗八爪鱼

任务目标

1. 搜集沙姜焗八爪鱼的风味特点及用料特色等信息，并能恰当选用合格的用料。
2. 掌握沙姜焗八爪鱼生产制作步骤、成品质量标准和安全操作注意事项。
3. 能依据任务实施说明做好各项准备，独立完成沙姜焗八爪鱼菜肴的生产制作。
4. 能遵守厨房"6S"或"4D"管理规定，团结协作，进行文明操作，确保卫生安全、形象优良、品质满意、损耗降低、效率提升。

任务描述

依据图4-13-1所示"沙姜焗八爪鱼菜肴成品图"，独立生产制作一份符合标准的菜肴。具体要求如下：

1. 生产制作前认真研读并熟记沙姜焗八爪鱼标准菜谱中所列的用料、制作流程、注意事项、制作过程等内容，观看沙姜焗八爪鱼菜肴制作过程图片与操作视频，完成任务分析相关问题。

2. 用恪尽职守、责重如山的职业精神，专心致志、博大精深的专业精神，精益求精、追求卓越的工匠精神，在实训指导老师的监护下，用90分钟时间在标准化厨房中进行用料准备与生产制作。

图4-13-1　沙姜焗八爪鱼菜肴成品图

任务分析

沙姜焗八爪鱼具有色泽酱红、口味咸鲜、香味浓郁的特点，是防城港市非常有代表性的特色菜之一。八爪鱼，又名章鱼，是海中的一种软体动物，其八条触手又细又长，故称八爪鱼。八爪鱼营养丰富，富含蛋白质及钙、磷、铁等多种微量元素；八爪鱼性寒无毒，有益气养血、收敛生肌之功效。八爪鱼很有嚼头，用生沙姜焗八爪鱼，味道非常独特。为完成沙姜焗八爪鱼菜肴的生产制作任务，传承沙姜焗八爪鱼技艺，各学员不仅要按照"任务描述"中的相关要求做好相关准备，还应认真分析、高质量完成此菜肴生产制作所涉及的几个核心问题。

1. 优质八爪鱼的品相特点是什么？＿＿＿＿＿＿＿＿＿＿＿＿＿＿＿＿＿＿＿。
2. 沙姜在烹饪运用中有什么要求？＿＿＿＿＿＿＿＿＿＿＿＿＿＿＿＿＿＿＿。
3. 运用焗制技法制作菜肴的要求有哪些？＿＿＿＿＿＿＿＿＿＿＿＿＿＿＿＿＿＿＿。
4. 调味需要注意哪些？＿＿＿＿＿＿＿＿＿＿＿＿＿＿＿＿＿＿＿。
5. 如何防止八爪鱼绵软、口感差？＿＿＿＿＿＿＿＿＿＿＿＿＿＿＿＿＿。

🚀 任务实施

一、主辅原料及调料准备

主辅料：八爪鱼 850 g（见图 4-13-2）；沙姜 25 g，生姜 20 g，蒜粒 25 g，干葱头 20 g，香葱 15 g（见图 4-13-3）。

调味料：精盐 42 g，白醋 50 mL，白糖 5 g，胡椒粉 1 g，生抽 15 mL，蚝油 15 g，老抽 2 mL，米酒 30 mL，香油 2 mL，（见图 4-13-4）。

图 4-13-2　主料

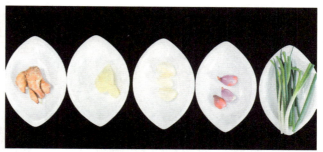

图 4-13-3　辅料

二、生产制作流程识读

初步清洗八爪鱼→揉搓八爪鱼黏液→去除内脏、眼睛、牙齿→调汁→焗制→撒葱花成菜。

三、生产制作注意事项识读

1. 八爪鱼的黏液清洗干净后其组织纤维容易吸水，烹调后口感就会比较脆。

2. 八爪鱼中的墨汁含有较多的营养物质。宰杀八爪鱼时，墨囊应根据顾客需求及八爪鱼的新鲜程度决定是否保留。

图 4-13-4　调味料

3. 焗制八爪鱼的时间不宜太长，以 4 分钟左右为宜，时间一长，造成八爪鱼失水严重，口感容易变得老韧。

四、依据步骤进行生产制作

步骤1：将八爪鱼放进清水中清洗（见图4-13-5），特别是爪上的吸盘比较脏，清洗时是重点。将沙姜、蒜粒、干葱头分别切末，香葱切成葱花（见图4-13-6）备用。

图4-13-5　清洗八爪鱼

图4-13-6　辅料刀工成品

步骤2：将初步清洗干净的八爪鱼放进盆中，加入20 g盐和25 mL白醋反复揉搓（见图4-13-7）3分钟左右，将八爪鱼身上的黏液都搓出来后，用清水清洗干净，再次重复以上步骤一次。

步骤3：用剪刀把八爪鱼的牙齿挑出（见图4-13-8），剪去两只眼睛，然后剪开头部，去掉内脏备用。

图4-13-7　清洗八爪鱼

图4-13-8　剪掉牙齿

步骤4：将沙姜末、蒜末、干葱头末装入碗中，加入盐、白糖、胡椒粉、生抽、蚝油、老抽、米酒、香油搅拌（见图4-13-9），搅拌均匀后静置备用。

步骤5：砂锅烧热后放入油，将处理好的八爪鱼放进砂锅中，倒入调制好的酱汁（见图4-13-10），烧开后盖上锅盖煮约3分钟后翻动，继续煮约1分钟，撒上葱花即可出锅。

图4-13-9　调制焗汁

图4-13-10　瓦煲焗制

任务 14　越式炒香螺

任务 14　越式炒香螺

🎯 任务目标

1. 搜集越式炒香螺的风味特点及用料特色等信息，并能恰当选用合格的用料。
2. 掌握越式炒香螺生产制作步骤、成品质量标准和安全操作注意事项。
3. 能依据任务实施说明做好各项准备，独立完成越式炒香螺菜肴的生产制作。
4. 能遵守厨房"6S"或"4D"管理规定，团结协作，进行文明操作，确保卫生安全、形象优良、品质满意、损耗降低、效率提升。

📋 任务描述

依据图 4-14-1 所示"越式炒香螺菜肴成品图"，独立生产制作一份符合标准的菜肴。具体要求如下：

1. 生产制作前认真研读并熟记越式炒香螺标准菜谱中所列的用料、制作流程、注意事项、制作过程等内容，观看越式炒香螺菜肴制作过程图片与操作视频，完成任务分析相关问题。

2. 用恪尽职守、责重如山的职业精神，专心致志、博大精深的专业精神，精益求精、追求卓越的工匠精神，在实训指导老师的监护下，用 90 分钟时间在标准化厨房中进行用料准备与生产制作。

图 4-14-1　越式炒香螺菜肴成品图

📊 任务分析

越式炒香螺具有口味辣中带甜、螺肉爽脆、香味浓郁的特点，是防城港东兴市非常有代表性的特色菜之一。东兴饮食以粤菜为首，兼具越南风味，海鲜则是东兴美食的代表。东兴海鲜中以螺最为著名，其中越式炒香螺风靡东兴大街小巷。越式炒香螺并不是这些螺来自越南,而是人们在炒螺的时候采用了越南传统的烹调方法。越式炒香螺的汤料是特别的,一般需加入香茅、椰子等香料。为完成越式炒香螺菜肴的生产制作任务,传承越式炒香螺制作技艺,学员不仅要按照"任务描述"中的相关要求做好相关准备,还应认真分析、高质量完成此菜肴生产制作所涉及的几个核心问题。

1. 香茅、椰子在烹调中主要起什么作用?＿＿＿＿＿＿＿＿＿＿＿＿＿＿＿＿＿＿。
2. 如何鉴别螺的新鲜程度?＿＿＿＿＿＿＿＿＿＿＿＿＿＿＿＿＿＿。
3. 此菜需要用到哪些越南特色食材?＿＿＿＿＿＿＿＿＿＿＿＿＿＿＿＿＿＿。
4. 烹调中如何保持螺肉的爽脆?＿＿＿＿＿＿＿＿＿＿＿＿＿＿＿＿＿＿。
5. 烹调此菜宜采用什么火力?＿＿＿＿＿＿＿＿＿＿＿＿＿＿＿＿＿＿。

任务实施

一、主辅原料及调料准备

主辅料:鲜活香螺 650 g(见图 4-14-2);椰子肉 30 g,鲜香茅叶 15 g,生姜 15 g,酸笋 30 g,小青柠 2 个(见图 4-14-3)。

调味料:精盐 3 g,鸡粉 2 g,白糖 4 g,甜辣酱 50 g,椰子水 70 mL,酸角水 30 mL,椰浆 25 mL,鱼露 5 mL,香油 2 mL(见图 4-14-4)。

图 4-14-2 主料

图 4-14-3 辅料

二、生产制作流程识读

清洗香螺→刀工处理→烹调→出锅装盘。

三、生产制作注意事项识读

1. 正式烹调前需将香螺反复清洗干净,让香螺体内的泥沙吐干净。
2. 鱼露咸味较重,烹调中需要注意咸味调味品的使用量。甜椒酱和柠檬用小碟单独盛装,跟成品一起上桌,便于客人根据口味需求适当添加。

图 4-14-4 调味料

四、依据步骤进行生产制作

步骤1：将香螺放进盆中反复搓洗（见图4-14-5），用小刷子将难以清洗的地方刷洗干净，然后再放回盆中，加入刚没过香螺的水，加入几滴香油（见图4-14-6）浸泡约30分钟，然后再清洗干净，捞出沥干水备用。

图4-14-5　清洗香螺

图4-14-6　加入香油

步骤2：将椰子肉切成0.2 cm左右厚度的片，放入干净的盛器中备用；将香茅叶切成细丝（见图4-14-7），生姜切细丝，酸笋切粗丝，从青柠檬的蒂处切开一小块（见图4-14-8），装入小碟中备用。

图4-14-7　香茅叶切丝

图4-14-8　青柠切掉蒂

步骤3：将香螺放进锅中，加入椰肉片、香茅丝、生姜丝、酸笋丝以及椰子水、酸角水和鱼露，然后放在炉灶上煮制（见图4-14-9）。

步骤4：煮制约3分钟后，往锅中加入白糖、鸡粉、20g甜辣酱、精盐等调味，煮约7分钟至汤汁呈黏稠状时加入椰浆（见图4-14-10），稍微翻动均匀即可出锅装盘，搭配甜辣酱、青柠檬即可上桌。

图4-14-9　煮制

图4-14-10　加入椰浆

任务15 鸡丝蜇皮

任务15 鸡丝蜇皮

任务目标

1. 搜集鸡丝蜇皮的风味特点及用料特色等信息,并能恰当选用合格的用料。
2. 掌握鸡丝蜇皮生产制作步骤、成品质量标准和安全操作注意事项。
3. 能依据任务实施说明做好各项准备,独立完成鸡丝蜇皮菜肴的生产制作。
4. 能遵守厨房"6S"或"4D"管理规定,团结协作,进行文明操作,确保卫生安全、形象优良、品质满意、损耗降低、效率提升。

任务描述

依据图4-15-1所示"鸡丝蜇皮菜肴成品图",独立生产制作一份符合标准的菜肴。具体要求如下:

1. 生产制作前认真研读并熟记鸡丝蜇皮标准菜谱中所列的用料、制作流程、注意事项、制作过程等内容,观看鸡丝蜇皮菜肴制作过程图片与操作视频,完成任务分析相关问题。

2. 用恪尽职守、责重如山的职业精神,专心致志、博大精深的专业精神,精益求精、追求卓越的工匠精神,在实训指导老师的监护下,用90分钟时间在标准化厨房中进行用料准备与生产制作。

图4-15-1 鸡丝蜇皮菜肴成品图

任务分析

鸡丝蜇皮具有口味辣中带甜、蜇皮爽脆、香味浓郁的特点,由鸡胸肉、海蜇皮、香菜等烹饪而成,是防城港的一道特色美食。2021年1月在防城港电视台"今日防城港"栏目中对此菜的制作过程做过详细介绍。海蜇皮是海蜇的制成品。海蜇是一种大型水母,早在1 600多年前的晋代就已经开始食用,我国从辽东半岛直至广东沿海均有分布,是我国沿海渔业的重要捕捞对象。为完成鸡丝蜇皮菜肴的生产制作任务，传承鸡丝蜇皮制作技艺，学员不仅要按照"任务描述"中的相关要求做好相关准备，还应认真分析、高质量完成此菜肴生产制作所涉及的几个核心问题。

1. 应选用鸡的什么部位加工鸡丝？_____。
2. 什么样的蜇皮属于优质蜇皮？_____。
3. 改刀成型的鸡丝在烹调前应如何码味？_____。
4. 鸡丝在正式烹调前是选用滑油还是油炸进行预处理？_____。
5. 烹调此菜宜采用什么火力？_____。

 任务实施

一、主辅原料及调料准备

主辅料：鸡胸肉 1 块约 300 g，海蜇皮 200 g（见图 4-15-2）；香菜 200 g，生姜 15 g，葱白 20 g，鸡蛋清 20 g，淀粉 15 g（见图 4-15-3）。

调味料：清汤 25 mL，料酒 4 mL，精盐 2 g，鸡粉 2 g，胡椒粉 1 g，香醋 4 mL（见图 4-15-4）。

图 4-15-2 主料

图 4-15-3 辅料

二、生产制作流程识读

刀工处理→清洗海蜇丝→海蜇丝焯水→兑味汁→鸡丝滑油→炒制→出锅装盘。

三、生产制作注意事项识读

1. 由于鸡胸肉的肉质较为细嫩，切制时需要顺着鸡肉的纹理进行，避免烹调出来出现断裂的现象。
2. 盐腌海蜇皮含有较多的盐分，在加工时需要用清水反复漂洗，以降低含盐量，达到适口的质量标准。
3. 烹制海蜇要注重火候的运用，防止过度烹调造成成品质量不准。

图 4-15-4 调味料

四、依据步骤进行生产制作

步骤1：将鸡胸肉洗净后切成细丝，海蜇皮切成细丝（见图4-15-5）；香菜去叶、洗净后切成寸段，生姜切丝，葱白切段（见图4-15-6）。

图4-15-5　主料

图4-15-6　辅料

步骤2：将切成丝的海蜇皮放入小盆中，加入清水，反复搓洗（见图4-15-7）干净后沥去水；将鸡丝用少许精盐、蛋清、水淀粉上浆。

步骤3：清洗干净的蜇皮用沸水稍微焯一下捞出沥干水（见图4-15-8）；小碗中放入清汤、料酒、精盐、味精、胡椒粉、淀粉，兑成味汁。

图4-15-7　清洗海蜇

图4-15-8　海蜇焯水

步骤4：将炒锅烧热后放入约1L食用油，待油温升至五成热时放入鸡丝，用炒勺拨散，待鸡丝刚熟时捞出，沥干油（见图4-15-9）备用。

步骤5：锅留底油，放入葱白段、姜丝略炒，淋入香醋，加入鸡丝、海蜇丝、香菜段，快速倒入兑好的汁，颠翻均匀即可出锅（见图4-15-10），趁热上桌即可。

图4-15-9　鸡胸肉丝焯水

图4-15-10　炒制

任务16 椒盐濑尿虾

任务16 椒盐濑尿虾

任务目标

1. 搜集椒盐濑尿虾的风味特点及用料特色等信息，并能恰当选用合格的用料。
2. 掌握椒盐濑尿虾生产制作步骤、成品质量标准和安全操作注意事项。
3. 能依据任务实施说明做好各项准备，独立完成椒盐濑尿虾菜肴的生产制作。
4. 能遵守厨房"6S"或"4D"管理规定，团结协作，进行文明操作，确保卫生安全、形象优良、品质满意、损耗降低、效率提升。

任务描述

依据图4-16-1所示"椒盐濑尿虾菜肴成品图"，独立生产制作一份符合标准的菜肴。具体要求如下：

1. 生产制作前认真研读并熟记椒盐濑尿虾标准菜谱中所列的用料、制作流程、注意事项、制作过程等内容，观看椒盐濑尿虾菜肴制作过程图片与操作视频，完成任务分析相关问题。

2. 用恪尽职守、责重如山的职业精神，专心致志、博大精深的专业精神，精益求精、追求卓越的工匠精神，在实训指导老师的监护下，用90分钟时间在标准化厨房中进行用料准备与生产制作。

图4-16-1 椒盐濑尿虾菜肴成品图

任务分析

椒盐濑尿虾具有咸香可口、肉味鲜甜嫩滑的特点，是防城港的一道特色海鲜美食。濑尿虾又称"虾姑""螳螂虾""爬虾""口虾蛄""富贵虾""琵琶虾"等，虾蛄是其学名。濑尿虾味道鲜美，为沿海群众喜爱的水产品，现在也成为沿海城市宾馆饭店餐桌上受欢迎程度较高的佳肴。食用濑尿虾的最佳月份为每年的4—6月，此时，它的肉质最为饱满。为完成椒盐濑尿虾菜肴的生产制作任务,传承椒盐濑尿虾制作技艺,学员不仅要按照"任务描述"中的相关要求做好相关准备,还应认真分析、高质量完成此菜肴生产制作所涉及的几个核心问题。

1. 椒盐的主要成分是什么? _____。
2. 什么样的濑尿虾属于优质濑尿虾? _____。
3. 初加工时,如何清洗濑尿虾? _____。
4. 炒制前濑尿虾是采用滑油处理还是油炸处理? _____。
5. 炒制时宜采用什么火力? _____。

任务实施

一、主辅原料及调料准备

主辅料:濑尿虾 750 g(见图 4-16-2);青椒 20 g,红椒 20 g,干葱头 3 颗,香葱 10 g,蒜粒 25 g,白芝麻 10 g(见图 4-16-3)。

调味料:辣椒油 30 mL,食盐 5 g,干花椒 15 g,小茴香 3 g,鸡粉 3 g(见图 4-16-4)。

图 4-16-2　主料

图 4-16-3　辅料

二、生产制作流程识读

初加工→刀工处理→制作金蒜→制味椒盐→炸濑尿虾→炒制→出锅装盘。

三、生产制作注意事项识读

1. 初加工时,需要将濑尿虾较锋利部分剪掉,其目的是便于入味和食用安全。
2. 清洗大蒜蓉的目的是去除大蒜中的硫胺素及核黄素,这些物质遇到高温会变苦。

图 4-16-4　调味料

3. 制作椒盐时可以依据比例进行批量制作,盛入干燥的容器中保存备用。
4. 炸制和炒制过程均需要恰当控制火候,防止濑尿虾水分过度蒸发造成肉质不鲜不脆。

四、依据步骤进行生产制作

步骤1：用剪刀将濑尿虾头尾部、身体两侧比较锋利的壳边缘剪掉（见图4-16-5），剪去虾腿；将青椒、红椒、干葱头分别切成小丁，香葱切成葱花，蒜粒剁茸（见图4-16-6）。

图4-16-5　濑尿虾初加工　　　　　图4-16-6　辅料刀工成品

步骤2：将剁成茸的蒜用清水反复清洗几遍，再用清水浸泡10分钟后捞出，沥干水后放进五成热的油锅中炸至微黄捞出（见图4-16-7）。

步骤3：将食盐、干花椒、小茴香、白芝麻一起放进锅中，小火炒约5分钟至焦黄色取出放凉后用料理机粉碎，拌入鸡粉成椒盐（见图4-16-8）。

图4-16-7　炸制蒜蓉　　　　　图4-16-8　椒盐成品

步骤4：将濑尿虾放进六成热的油锅中炸至熟透捞出，将油温升至七至八成热后，再次放入濑尿虾复炸（见图4-16-9），待皮酥脆捞出备用。

步骤5：将锅烧热后加入少许食用油，下青椒丁、红椒丁、干葱头丁进锅爆炒出香，倒入炸好的濑尿虾翻炒（见图4-16-10），炒制约30秒加入辣椒油继续翻炒均匀，最后加入炸好的蒜蓉、椒盐及葱花，翻炒均匀即可出锅装盘。

图4-16-9　炸制　　　　　图4-16-10　炒制

后 记

本教材是桂菜制作方面的第一本图文并茂、微课资源全面、配套资源全面、中文＋英文、课程思政融入的新型教材。编写这本教材是一项巨大的挑战。一路走来，编写团队经历了理念转变的冲突与碰撞，研讨与交流时的风暴与交锋，设计与构思时的困惑与彷徨，起草与修改时的辛苦与无奈。当厘清编写架构与内容后，编写团队又感受了困惑与彷徨之后的顿悟与坚定，品尝了灵感闪现与观点生成之后的豁然与兴奋。同时更有一种崇高的"跨越苦难成就人生"的成就感与使命感油然而生。

在本教材正式出版之时，我要表达对广西经贸职业技术学院的中国烹饪大师鲁煊老师的感激之情——他将数十年在桂菜挖掘、传承、创新以及桂菜饮食文化研究方面取得的研究基础，毫无保留地与院校同行、企业师傅、协会专家分享，才推动了本教材的编写完成。同时也要对广西餐饮文化发展促进会执行会长黄中昕、桂林旅游学院教授谭兴勇表示最诚挚的谢意，还要感谢所有参与本教材编写的人员以及为教材编写提供支持的各行业协会、餐饮企业。编写团队在承担繁重的教学任务、科研任务、生产任务、管理任务的同时，加班加点，查阅资料，仔细推敲，精心设计，数易其稿。本教材凝聚着所有编写人员锐意创新的勇气和投身课程改革的毅力，倾注了他们对"打造桂菜品牌，培养桂菜人才，弘扬桂菜饮食文化"的心血，更显示了他们不辞辛苦、无私奉献的孺子牛精神。

本桂菜教材的出版填补了广西职业院校、培训机构所开设的"桂菜制作"课程无教材可选用的空白，对进一步规范桂菜技能型人才的培养具有极强的推动作用。期望越来越多的专家、学者、高技能人才能够进一步挖掘桂菜技艺与文化，编写出版高质量的教材。

广西桂菜尊师
元老级中国烹饪大师
国家级何逸奎大师工作室领办人
广西烹饪餐饮行业协会高级顾问
何逸奎
2023 年 4 月